农业走出去"扬帆出海"培训工程

对外农业投资项目案例教程

何 君 胡冰川 靖 飞 肖卫东 徐海俊 编著

中国农业出版社

北 京

目　　录

第一章 引　言

在经济全球化日益深化、农业国际化不断加快的背景下，随着国内资源环境紧张和产能过剩，中国农业对外投资合作的紧迫性和必要性日益凸显。自国家提出实施农业走出去战略以来，中国对外农业投资主要集中在东南亚、非洲和俄罗斯等国家和地区，随后在农业资源开发程度较高的美大地区的农业投资也后来居上。无论是从全球角度，还是从区域角度，中国农业对外投资的内生动力和外在表现都呈现出较强的趋同性。

一、海外农业投资的现状、特点和影响

自 19 世纪开始，一些工业强国开始在本土之外、乃至全球范围内进行农业资源开发。近年来，海外农业投资在全球迅速发展，一方面是通过农业投资满足本国农产品加工和粮食安全需要，另一方面是本国企业通过在海外购买土地进行农业生产和产品营销以获取利润。目前，海外农业投资的主要特征包括 3 个方面：一是投资规模巨大且日益增长，以土地规模等指标考察发现，2007—2011 年海外农业投资交易的土地规模扩大趋势明显，耕地投资已成为海外农业投资的重要方式；二是投资来源和方式日益多元化，投资来源逐步发展成为政府投资、企业投资以及金融投资等多种方式并存的现状；三是涉及区域广、国家多，主要投资国包括日本、韩国以及以中国为代表的等新兴市场国家和沙特等海湾石油国。

随着经济贸易全球一体化发展，海外农业投资作为直接投资的一部分，为投资国和东道国均带来了较大收益，实现了双赢，但其影响在积极和消极两方面也尤为显著。积极影响主要表现在两方面：第一，推动农业技术进步和基础设施的改善。以发达国家为主的投资国在较为落后的东道国进行农业投资，为东道国带来先进的农业技术，为当地农业发展提供了重要支撑；第

二，为投资国农产品供给提供保障。利用东道国廉价且丰富的自然资源，生产出大量的农产品并运回国内，不仅为投资国国内农产品供给提供保障，同时还有助于降低国内的农产品价格，为投资国带来了经济收益。消极影响也主要表现在两方面：第一，由于使用农药和化肥、砍伐植被等对当地环境造成了破坏，带来一定程度的环境污染。第二，很多国家的政府为了吸引海外投资，可能会在不同程度上剥夺当地小农的土地经营权，这一过程通常缺乏利益共享机制安排，可能对当地小农利益造成损害。

二、中国的海外农业投资

作为新兴投资国之一，中国海外农业投资快速发展。根据《中国对外农业投资合作分析报告（2016 年度）》显示，截至 2015 年年底，中国对外农业投资存量达 129.7 亿美元，在境外设立企业数量 764 家，投资范围覆盖六大洲（除南极洲）的 95 个国家，其中亚洲是中国对外农业投资的重点区域。

从投资存量来看，截至 2015 年年底，中国对外农业投资存量分布在六大洲（除南极洲外）的 95 个国家（地区），亚洲和大洋洲是农业对外累计投资最为集中的地区。其中，在亚洲的投资存量为 64.4 亿美元，占比 49.6%；大洋洲 25.8 亿美元，占比 19.9%；欧洲 23.3 亿美元，占比 18.0%；非洲 10.3 亿美元，占比 8.0%；南美洲 3.9 亿美元，占比 3.0%；北美洲 2.0 亿美元，占比 1.5%。从国家（地区）来看，澳大利亚、新加坡和以色列是中国对外农业累计投资额排名前三位的国家，累计额达 49.9 亿美元，占全部投资存量的 38.5%（表 1-1）。

表 1-1   2015 年中国对外农业投资存量前十位的国家

序号	国家（地区）	投资存量（亿美元）	比例（%）
1	澳大利亚	20.5	15.8
2	新加坡	15.8	12.2
3	以色列	13.6	10.5
4	荷兰	13.0	10.0
5	印度尼西亚	10.7	8.2

（续）

序号	国家（地区）	投资存量（亿美元）	比例（%）
6	俄罗斯	7.5	5.7
7	老挝	6.0	4.7
8	新西兰	4.8	3.7
9	泰国	3.7	2.9
10	柬埔寨	2.8	2.2

《中国对外农业投资合作分析报告（2016 年度）》中，通过对 609 家企业的调研发现，中国对外农业投资主要呈现 4 大特征：

（一）民营企业数量增长迅速

在开展对外农业投资的企业中，仅有 34 家国有企业，数量远远小于民营企业。2015 年，国内民营企业共投资 21.6 亿美元，占比 59.2%；在境外共设立 695 家农业企业，投资覆盖了 95 个国家和地区。其中，有 3 家民营企业投资规模超过 1 亿美元，分别是天津聚龙嘉华投资集团有限公司、内蒙古伊利实业集团股份有限公司、江西正邦科技股份有限公司。值得注意的是，虽然中国民营企业发展迅速，但平均投资规模水平较低，与国有企业相比仍有很大差距。

（二）投资区域半数集中在亚洲和欧洲

在境外设立的 764 家农业企业中，有 382 家企业位于亚洲，主要分布于老挝、印度尼西亚、柬埔寨和泰国等地；有 139 家企业位于欧洲，其中超过一半的企业设立在俄罗斯，在亚洲和欧洲的境外企业总数占总体的 68.2%。从投资规模上看，亚洲是六大洲中投资流量和投资存量所占比重最大的区域，而对俄罗斯的投资占整个欧洲投资的一半以上。这种特征反映了中国企业在选择对外农业投资区位时具有一些共同的行为趋向：一是对周边邻近国家和地区进行直接投资，将其作为企业跨国经营的重要基地，在一定程度上降低投资风险；二是对发达国家的优质企业进行并购投资，学习其先进技术和管理经验，扩大市场份额。

（三）企业单项投资规模水平偏低

2015 年，中国共有 609 家境内机构开展了对外农业投资。在这些企业中，单项投资规模超过 1 000 万美元的仅有 55 家，所占比例不足 10%，绝大部分企业对外投资额度少于 500 万美元。近年来，中国对外农业投资流量和存量总体上呈快速增长趋势，但与其他行业相比规模明显偏小。目前，中国开展对外农业投资的企业多为中小型企业，难以形成规模经济，抗风险能力不足。

（四）并购投资呈井喷式增长

纵观中国企业对外农业投资的发展进程，可以看到投资方式的转变，尤其是海外经营经验丰富的大型企业更加注重以褐地投资的形式，即并购或者收购的形式参与海外农业生产经营活动，进一步反映出企业走出去实力的增强。以中粮集团有限公司为例，从 2000 年开始到 2013 年进行全产业链布局阶段。通过跨国并购加速国际化进程，深度开展国际合作，构建了 15 条产业链，全产业链布局逐步完善。2014 年，中粮完成了对尼德拉集团和来宝农业（2015 年更名为中粮农业）的并购，在巴西、阿根廷、美国、澳大利亚、乌克兰等世界粮食核心产区取得了仓储、港口物流设施等一批战略资源。

三、对外农业投资的制约因素

当前，主要发达国家通过制定相应的农业法律体系，对农业生产、贸易与投资进行规制，而国内对农业生产、贸易以及投资的支持，则主要通过各部门制定相关的政策体系来实现。法律体系与政策体系相比较，政策体系应变速度更快，更适应情况变化，符合实际需要。为促进国内农业走出去，国内以农业对外合作部际联席会议为平台，相关部门制定了一系列政策，从简化手续流程、金融支持、海关检验检疫程序的简化、机制的建立到海外投资信息平台的建设、风险预警机制设立等，在某种程度上对涉农企业走出去发挥了一定推动作用，但较之国外相对完备的法律法规体系，也存在着一些不适应甚至矛盾制约。

（一）国内层面：与对外农业投资相关的政策限制

1. 政策操作中的歧视性

理论上，农业走出去促进政策本身对企业是非歧视性的，即对国内所有企业是普惠的，但在实际操作过程中，不可避免存在所有制歧视和企业规模歧视。例如，国有企业获得政策支持和红利要明显高于民营企业，大企业高于中小企业。原因在于：一方面，农业投资中的风险偏好使得支持政策更倾向于"精英俘获"，另一方面，某些政策目标存在"贪大求全"的偏好。实际上，以市场化为目标来评价，农业走出去企业中的主体是中小型民营农业企业，据统计，中国对外投资项目的平均额度为100万美元。这就导致，虽有各种支持政策，但是在执行中的目标异化，使得相应支持政策并没有充分发挥作用。

2. 国内农产品进口配额限制

出于对农业产业和农民的保护，国内对大宗农产品尤其是粮食产品实施保护政策，既有关税的政策也有配额的限制。在配额制度下，超过配额额度将无法从国外进口相应的农产品。这一政策对稳定国内农业生产和市场是有效的，但对海外经营的国内农业企业，尤其是种植业者产生较大的影响，导致部分企业在境外投资生产的农产品无法通过正常途径运回国内销售。例如，安徽丰原生化在巴西投资收获的玉米需要通过巴西政府的配额才能转运到国内市场，另外如中国投资俄罗斯远东地区的大豆、哈萨克斯坦的小麦也存在这一情况。农业海外的投资一方面是优化企业资源配置，提高自身竞争力的利润最大化行为；从国家角度来说是利用海外农业资源来满足国内市场需求，保障国内的粮食安全。从这一点看，国内农产品进口配额相关政策对海外农业投资企业形成了较大制约。

3. 国内检验检疫制度制约

安徽山里仁食品有限公司是一家在美国投资的食品企业，主要业务是将国内的山核桃等坚果出口美国，将美国的坚果原料进口至国内进行再加工后进行销售，美国子公司主要负责市场拓展。随着公司规模的扩大，公司在美国进行实体投资，购买美国林地进行优质坚果开发和品种改良，并试图将美国的优质品种引入国内种植。在公司产品出口美国过程中，国内海关的检验检疫标准高于美国，常常因为出口检验检疫时间过长导致坚果品质下降，致使公司出现损失。海外经营企业在产品输往境内时，也同样面临国内检验检疫手续繁琐和时间相对较长等问题。在农产品质量把控上，出口企业自身普遍具有良好的质量管控机制，基于目前现状，检验检疫标准需要进一步与发达国家接轨，减少对企业的有关制约。

4. 缺乏有效的融资政策支持

海外农业投资企业很难获得有效的资金支持。尽管银监会明确提出在风险管控的前提下，加强对走出去企业的融资支持，督促银行业加强金融服务，鼓励有实力、有条件的银行发挥好对外投资作用，开展跨区域金融合作。但在实际中，农业企业一般规模较小，且农业自身特质性导致投资回报率低、回报周期长、风险较大，因此金融部门对于农业企业走出去的支持决心不大，进而导致大部分企业缺少资金支持，解决资金的渠道主要依靠自筹资金。国内银行为管控金融风险，实行内资外保制度，农业走出去企业的海外资产无法作为抵押物来获得银行贷款等相关金融支持，在很大程度上限制了企业在海外的进一步扩张。

（二）国际层面：农业与粮食系统负责任投资原则

海外农业投资规模大幅度增加导致土地权属转移以及由此对所在国粮食安全、生态安全等方面带来的复杂影响。为引导参与农业和粮食系统的所有利益相关方的行动，共同推动有利于粮食安全和营养的负责任农业和粮食系统投资，世界粮食安全委员会（粮安委）批准通过了《农业与粮食系统负责任投资原则》（以下简称《投资原则》）。这一原则是在农业领域的商业投资的获益目标与负外部性之间谋求一定的平衡，从而使得整个农业投资更具有可持续性。

中国农业发展水平总体介于发达国家现代农业与发展中国家传统农业之间，中国的农业生产组织方式、生产技术、农田水利开发等方面更加符合发展中国家国情，中国农业企业的海外投资活动总体上对东道国的粮食安全及营养的影响较小。比对《投资原则》有关规定，中国农业企业在走出去过程中仍存在一些问题，如部分企业在境外大量收购或者租赁土地，导致东道国对中国的投资目的产生怀疑。基于《投资原则》，东道国不断提高土地权属治理限制，加上部分西方媒体对中国农业海外投资的妖魔化宣传，对中国农业走出去产生一定负面影响。

一是影响对外农业投资方式。在《投资原则》影响下，大规模的土地并购可能会危及东道国弱势小农的生计，危及粮食安全，对社会边缘人的生活产生较大影响，这些问题的提出使得中国企业大规模土地租赁、购买将变得越来越困难。可以肯定的是：未来中国农业企业的海外农业投资，在大规模土地购买方面将变得更加困难。研究发现，大康农业数次申购澳大利亚的一块面积约为10万平方公里的土地都被澳大利亚政府否决，阿根廷政府因为中国企业大量购买土地紧急出台法律，禁止外国人和实体购买阿根廷超过一定面积的土地。

二是提高了中国企业对外农业投资的准入门槛和成本。在国际社会尤其是媒体对中国海外农业投资的高度关注下，不少东道国已经在土地使用、投资比例、税费征缴、准入领域、劳务卡发放、签证期限等方面提高了农业投资门槛。《投资原则》在很大程度上为提高投资准入门槛提供了直接依据，直接导致我国农业走出去的制度限制显著提高。为满足《投资原则》要求而对本地发展进行额外的投资，企业不得不增加对本地经济发展、根除贫困以及环境保护等方面的投资，这势必会增加海外农业投资成本，加大了农业企业走出去的难度。

三是加大对外农业投资的不确定性。目前，中国企业走出去大多还停留在资源寻求阶段，因此农业资源丰富的非洲、俄罗斯、中亚、拉美、澳大利亚及东南亚地区是中国农业企业走出去的主要目标区域。但是这些地区大多属于发展中国家或转型国家，社会法律体系尚不健全，政策执行随意性较大，商业规则缺失、商业信誉较差。《投资原则》赋予了东道国"根据各国法律和制度酌情解读和运用""鼓励各国推动有利的政策、法律、监管和制度环境"等方面的权力，这为东道国根据自身需要灵活运用原则提供了空间，导致具体执行时的随意性和主观性，无疑增加了中国海外农业投资的风险和不确定性。

第二章 农业绿地投资类项目案例分析

国际直接投资主要有三种形式：绿地投资、合资企业和跨国并购。绿地投资又称创建投资，是指跨国公司等投资主体在东道国境内依照东道国的法律设置的部分或全部资产所有权归外国投资者所有的企业，这类投资直接导致东道国生产能力、产出和就业的增长。

英国《金融时报》旗下数据服务机构 FDIMarkets 的数据显示，2016 年 1—4 月，中国企业在海外的绿地投资项目达 126 个，投资总额达 294.3 亿美元；美国企业同期推出 661 个绿地项目，但投资总额仅 228.1 亿美元；按投资金额计算，中国位居全球第一；按项目数量计算排在全球第六。数据还显示，2016 年前 4 个月，中国企业绿地投资的最大目的地国是莫桑比克，中石油在该国投资 40 亿美元新建一条天然气输气管道；其次是印度（38 亿美元）、阿尔及利亚（34.3 亿美元）、法国（34.1 亿美元）和马来西亚（20.5 亿美元）；就项目数量而言，吸引中国绿地投资最多的国家是印度（20 个项目），其次是美国（15 个）[1]。

一、农业绿地投资类项目尽职调查

中国企业海外投资常常仅被投资东道国丰富的资源所吸引，轻率作出投资或者企业并购的决定，最终可能由于不科学的海外投资组织方式，让风险伺机而动，甚至全盘皆输。所以做海外投资项目之前，需要对东道国做一个法律环境、税务环境以及商业环境等方面的尽职调查，可实现事半功倍的效果。

---

[1]　新华社. 中国首次成为全球最大绿地投资来源国［EB/OL］.2016 年 6 月 15 日，http：// news. xinhuanet. com/fortune/2016 - 06/15/c _ 1119047860. htm.

企业都知道项目开始前要做"尽职调查",但究竟该怎么做?目前中国企业对外进行投资主要有两种投资方式,第一种是从头开始进行创建的投资,即我们俗称的绿地项目,另一种是收购现成的国外企业。对于两种投资方式的尽职调查,有不同的侧重点。

(一)尽职调查的必要性

在创建投资(绿地项目)的过程中,尽职调查更多是为了确保投资过程不会产生问题。

案例分享

某国内的房地产开发公司,拟在美国加州投资住房开发项目。开发用地此前是一个化工厂所在地,重金属沉淀相对比较高。当时的商业尽职调查顾问给的建议是美国人民对住房的综合品质要求较高,对环保等事项特别敏感,建议放弃这个项目。但是后来该中国房地产开发公司还是义无反顾地投资了该住房开发项目。两三年以后该项目完工,开始销售,市场反馈证明房屋销售并不尽如人意,也证明了最先的商业尽职调查顾问给的建议是正确的。

因此,无论是创建新项目还是进行收购,都需要进行完善的尽职调查,寻求专业机构的帮助,对财务、税务、法律法规、人力资源、养老金安排、环境、健康安全等都需要进行全盘的考虑。尤其是当涉及发展中国家、法制不健全的国家的项目时,一定要眼见为实,要特别重视现场的调查,不应该轻信东道国中介公司的单方陈述。时至今日,依然有很多中国企业海外投资的时候,轻信东道国合作方或中介公司的陈述,不对项目做深入的尽职调查。不做尽职调查导致的风险可能是灾难性的,包括投资项目的合法性以及权属等问题,都有可能给母公司带来巨大的投资风险或者诉讼风险。

(二)尽职调查的执行机构

一般来说,尽职调查是由投资者委托会计师事务所、律师事务所等第三方专业机构来进行的,投资者需要承担由此产生的一切费用。投资者最好选择那些具备丰富经验而且实力雄厚的专业机构,因为这些专业机构所提供的调查报告通常能够增强项目投资价值的说服力。

案例分享

梦得集团是农业产业化国家级重点龙头企业，拥有天津光明梦得乳品公司、天津梦得牧业发展公司、天津今日健康乳业公司等多家畜牧乳品企业，涉及饲草种植、奶牛养殖、奶制品加工、生物技术研发等相关产业。在2014年天津梦得集团与天津赛恩集团合资，出资1亿元成立了天津海禄投资有限公司。海禄投资公司旗下有两家公司，分别是天津海禄澳津国际贸易有限公司和澳大利亚海禄国际有限公司。天津公司负责国内业务，澳大利亚公司负责国外业务，两家公司紧密结合，开展对澳大利亚的奶牛养殖、饲草种植、奶牛和饲草的进出口贸易业务。海禄澳津通过在澳大利亚维多利亚良种奶牛主产地收购近万亩的专业奶牛饲养牧场及在天津兴建活体动物进口检疫隔离场，实现了从海外到海内，从奶牛的收购、育种、装船起运到国内隔离进场的全程全产业链自主把控，为企业本身及全国奶企提供品质优良、性价比更高的进口良种奶牛。

2015年，公司在澳大利亚注册成立了海禄国际有限公司，注册资本280万美元。公司投资300万美元，在维多利亚州收购了一个名为Duncraig的牧场，面积约6 000亩*，进行畜牧业养殖、育种、出口。

根据公司的发展规划，需要提高产能，未来三年内还会继续收购2个万亩牧场，还计划在澳大利亚建设牛奶加工厂。此外，公司还规划在澳大利亚建立投资建立一个农业经贸园区，整合国内企业赴澳投资农业项目。到目前为止，公司目前的阶段性目标实现了，而且呈现了良好的发展势头。海禄公司也为对外投资的同行企业提供了良好的经验可供借鉴，主要包括：

（1）选择正规化和专业化中介服务。海禄公司在投资前期选择了澳大利亚一个著名的农业服务公司，由该公司根据需要提供可供选择的牧场并安排陪同考察。在启动投资程序后，公司聘请专业律师事务所提供法务服务。选择正规服务的成本提高，但是收益更高。公司建议，如果不能选择高级律所，可以选择当地资深的律师。

---

* 亩为非法定计量单位，1亩＝1/15公顷。——编者注

（2）充分利用政府信息服务平台。对政府不能采取回避态度，而是应当事先咨询和申报登记，了解海外投资规则和支持政策，并寻求帮助，加强与投资目的地国政府部门的沟通。

（3）做好前期基础工作和遵循投资策略。公司在购置牧场前，做了一次专业的土地勘测和资产评估，便于谈判以及随后的资产交易。交易过程中，公司要求对方保持少量股份，并逐年退出，两到三年内完成100％持股。这样可以保留对方管理团队，提高学习效率，避免水土不服，更好地融入当地市场。

如果没有较为权威的第三方进行尽职调查，全凭投资企业的实践探索，企业必定会遇到诸多不可预见的困难，为此势必要付出高昂的"学习"费用，更无法从中获取利润。

案例分享

澳大利亚西斯尔公司（CSR）的制糖及可再生能源部门 Sucrogen（澳糖）是澳大利亚最大的原糖制造企业，在全球也名列前十。CSR 原本计划在 2010 年 3 月 31 日之前将糖业和可再生能源公司从铝业、建材等业务中分拆出来，再谋求单独上市。而彼时恰逢光明集团寻求海外扩张之机。2010 年 1 月 12 日，光明集团表示，他们向 CSR 提出了以最高 15 亿澳元的价格收购其糖和可再生能源业务。15 天之后，CSR 则表示虽然已经收到了光明的要约，但是只有当价值、时机和交易完成的可能性高度确定时，才会和光明食品进行商谈。CSR 声称彼时尚未看到这些方面的保证，因此，计划在 2010 年 3 月底前完成的糖业资产分拆并上市将按照既定计划进行。与此同时，CSR 也以"留有余地的声明"留下了活话，表示分拆并不排除光明未来对该业务进行并购接洽的可能性。

2010 年 2 月 3 日，澳大利亚方面传出了消息：CSR 分拆糖业资产的计划被澳洲联邦法院驳回，理由是拆分方案没有说明分拆将对 CSR 公司石棉矿受害人的赔偿将产生怎样的影响以及分拆后的 CSR 是否有能力去偿还这些受害者的债务。事实上，CSR 公司的建筑产品部门曾经生产含有石棉的产品，当时，该公司已拨备 4.55 亿澳元用于石棉受害者的索赔。CSR 公司的一位股东曾表示，由于 CSR 背负着石棉问题相关的债务，因此澳洲政府希望 CSR 能够从糖业业务中获得更多的现金。同时，也有消息人士透露"澳洲本地法院目前的态度是，光明集团的收购比糖业资产分拆对 CSR 更有利，也更靠谱"。当然，光明公司提出的这起收购，还必须面对澳大利亚外国投资审查委员会的审核以及该国政府批准的双重门槛。其中的有利因素则在于，光明集团收购的是农业资产，而澳洲政府和审批机构对该产业的收购和投资是持开放的态度，对国外公司收购农业资产没有特别的保护主义倾向，光明收购的政府要过审批关应该不难。事实上，光明集团也曾经就该次收购交易与澳大利亚外国投资审查委员会等政府机构做过沟通，该审查机构表示对农业领域的并购是支持的。光明集团看中的不光是 CSR 的市场和渠道，更重要的是 CSR 有制造高品质糖和处理可再生能源的技术，这对光明集团来说是很有价值的。因此，在恰值 2010 年农历新年时，光明的高管们仍然飞赴澳洲洽谈并购事宜。之后，双方就新的收购价格达成了共识。2010 年 4 月，光明同意把收购报价提高到 17.5 亿澳元（约 109.6 亿人民币），该价格包含了 CSR 所积欠的债务，而且也比之前 15 亿澳元的报价提高了近 17%。虽然分析人士一致觉得光明此番的报价高于市场预期（悉尼 Kakoschke 证券此前的估价是 16 亿澳元），但是，在光明看来，价格不是最关键的因素，如何实现澳糖与光明食品集团现有的产业相对接才是最重要的问题。此时，光明似乎有着木已成舟的觉悟，因此，负责此项收购事务的光明食品集团副总裁葛俊杰当时很直接地对媒体透露道，公司将把糖类和可再生能源业务的总部保留在澳大利亚，并计划任命驻澳大利亚独立董事。

2010 年 6 月 23 日，光明食品与澳大利亚新州政府签署了谅解备忘录，共同就农业项目进行投资合作，此举被认为光明食品已扫清了地方政府批准的最后障碍。事实上，光明与 CSR 甚至已经签了一份关于并购的意向性协议，这更让所有人都期待的 7 月初正式公布的并购结果变得毫无悬念。2010 年 7 月 2 日收市后，光明集团再次对 CSR 糖业及再生资源业务提出了 16.5 亿澳元的现金收购要约，这一价格低于之前 4 月初的无约束力报价 17.5 亿澳元。澳大利亚当地媒体报道称，CSR 董事会在 7 月 4 日举行会议，基调是倾向于接受光明食品报价，但仍有部分董事忧心报价低估这些业务的价值。反对者预计如果拆分糖业和再生资源业务，未来几年，其价值将达到 20 亿澳元。从 6 月末到 7 月初，只过了短短的 10 天时间，却足够潜伏着的竞争对手从暗处走到明处，此时丰益国际更高的报价无疑让董事会有了另外的选择。

2010年7月5日，澳大利亚西斯尔公司（CSR）宣布，已与新加坡丰益国际集团达成出售CSR旗下糖业及可再生能源部门Sucrogen的协议。这项交易价格为17.5亿澳元的农企并购交易，预计将在2010年第四季度最终交割完成。当悉尼的卖方和新加坡的买方正举杯庆祝交易达成的时候，位于上海的光明食品集团总部里则是一片唏嘘。"光明食品方面对CSR的出尔反尔行为非常气愤"，这是当天来自光明食品宣传部的声音。在此之前，光明食品一直为收购CSR的糖业和可再生能源业务而充满着诚意，不仅投入了近1亿元人民币的资金为收购铺路，而且，与对方也已经接触并磋商了前后1年多。冷静分析后，面对CSR突然宣布和全球最大的棕榈油上市企业丰益国际达成协议的事实，光明方面会感到意外并不奇怪，因为上海光明食品集团有意购买CSR糖类资产的消息，最早于2010年初传出，光明也多次通过媒体透露相关交易价格，这也在一定程度上给此次交易失败埋下伏笔。

对案例分析可以发现，因新加坡丰益半路杀出，报价高于光明集团1亿澳元，直接导致了光明集团收购澳糖告败，但进一步分析可知，光明与澳糖公司的谈判过程中虽然互有分歧，但总体是顺利的。由于信心满满，光明食品一直未曾察觉对手的逼近，藏在暗处的丰益国际在获悉了光明食品的报价后，以加价1亿澳元的优势最终上位获得了胜利。因高调吃了亏的光明集团用血淋淋的失败换回来的经验告诉我们，在海外投资过程中，在交易达成前一定要做好保密工作。海外投资前期筹备、谈判签约、交割后的项目实施是一个系统工程，必须有严格的项目流程管理意识。从一开始接触签署保密协议、独家谈判协议到组织尽职调查、企业内部审批以及到交割，都必须有严格和周密的计划，做好保密工作，确保投资的顺利进行，防止节外生枝。

（三）尽职调查的主要内容

绿地投资项目调查主要内容大致包括：法律调查、政策调查、环境调查、当地文化调查等几个方面的内容。

1. 法律尽职调查

绿地投资的法律尽职调查包括与投资项目有关的东道国法律、法规及行政许可审批等调查内容。掌握投资国的外资准入制度，了解预投资领域产业政策，有些国家关于外资准入的限制是以负面清单形式加以规定的，也就是说除特定领域外，其他行业没有外资准入的限制。除了解是否投资受限外，也要积极了解投资国对投资领域是否有特定的优惠政策等。

案例分享

嘉禾农业有限公司前身最早可以追溯到始建于 1982 年的石家庄啤酒厂，2000 年经过股份制改造更名为石家庄嘉禾啤酒公司，2008 年 9 月，在石家庄嘉禾啤酒公司基础上成立了嘉禾啤酒有限公司，2014 年 11 月，嘉禾啤酒有限公司对经营业务进行变更，增加了"未经加工的初级农产品的销售，房屋租赁，机电设备（不含公共安全设备及器材）的安装，企业管理咨询，农作物的种植，自营和代理各类商品和技术的进出口业务"，这表明公司拟经营的范围大大增加。2015 年 8 月，嘉禾啤酒有限公司进行股权变更，石家庄嘉禾啤酒工会委员会的股份增加，而联合投资公司持有的股份改由若干自然人持有。2016 年 5 月，嘉禾啤酒有限公司正式变更为嘉禾农业有限公司。

2010—2014 年是啤酒公司业务的收缩期，产能利用不足，最好的发展时期已经过去。在这种情况下，公司高层未雨绸缪，计划经营转型，转做啤酒的上游产品，即大麦。为此，公司开始谋划和考察，最先考虑的是澳大利亚的澳麦，还陆续考察了加拿大、美国、新西兰等国家。通过考察比较，公司钟情于澳大利亚，因为这个国家人口少，面积大，土地价格低，外国投资多，大麦和牛羊品质良好。

嘉禾公司在澳大利亚的农业投资开始于 2011 年。2011 年 5 月 20 日，嘉禾农业投资的联合农业有限公司在澳大利亚悉尼市注册成立，注册资本为 1 500 万美元，为中方全资子公司，经营范围是投资经营农场和牧场。2011 年 10 月，公司完成了第 1 个项目 MtFalcon 的收购。MtFalcon Station 是一个全部围绕牛进行运行的纯牧场。在公司收购前，该牧场的固定设施比较陈旧，经营模式传统、简单，单位面积承载力比较小。在公司收购后，公司对固定设施进行了投资，而且参照 Bobbara（第二个收购项目）的运营模式，对 Falcon 的运营模式进行了升级调整。2011 年 12 月，公司完成了第二个项目 Bobbara Station 的收购。Bobbara Station 是典型的澳洲混合型农场。对于混合型农场来说，种植业和畜牧业可以更好地平衡波动风险，稳定经营收入。2015 年 11 月，公司完成了第三个项目 Kyabra Station 的收购。

在投资收购过程中发现，澳大利亚设立有外国投资审查委员会（Foreign Investment Review Board，FIRB），对投资额超过 3 亿美元、民生项目、国企背景重点审查。绝大多数投资计划都要审查，中国最大。根据公司提供的资料，审查的主要内容包括：不能有外国政府持股；公司治理结构；公司背景；企业的最终持股人；公司海外资产情况；公司持有的澳洲资产情况；公司对所涉及资产的未来处置意图等，既有的投资审查规则对嘉禾公司的澳大利亚投资项目在收购进度上有一定影响，但未形成明显约束。而对项目生产造成重要约束的是澳大利亚的法律，因项目所在地区的法律规定，禁止开采低下水灌溉，只允许依靠雨水灌溉，这与中国的法律完全不一样，导致牧场的生产能力受到限制。

案例分享

安徽丰原集团有限公司是国内生物化工、生物能源和生物制药方面的大型科技产业型公司，企业注册资本 76 188 万元人民币，2015 年销售收入 533 166 万元人民币，利润额 26 529 万元人民币，净利润总额 21 090 万元人民币，截至 2015 年底境内从业人数 8 800 人。集团先后在巴西、泰国和匈牙利成立子公司，2016 年巴西和匈牙利还有部分项目在筹建阶段。截至 2016 年 8 月公司海外投资总额约为 4.6 亿美元，巴西的子公司设立年份为 2013 年，企业注册资本为 3 521 万美元，企业持股比例 93％；泰国的子公司设立于 2009 年，企业注册资本为 1 463 万美元，企业持股比例为 80％；匈牙利的子公司设立于 2011 年，注册资本为 80 万美元，企业持股比例为 93％，其中有巴西 30 万吨/年的玉米深加工项目、泰国年产 8 万吨柠檬酸项目、匈牙利年产 6 万吨柠檬酸项目，主要涉及的领域为农产品深加工产业，长期驻外员工约 300 人。其中，当时选择巴西主要是考虑到巴西粮价低且投资环境好（政府鼓励投资，还给予一定的贸易额支持，允许企业出口一定的玉米到中国）。

但企业在海外投资中却遇到了许多困难和限制，比如在购买土地方面，不同国家的政策不同（巴西政府不断限制外国人购买土地）；聘用当地人才方面的限制，如泰国法律规定外籍劳工和当地劳工的比例不得高于 1∶4，巴西法律规定本国劳工在人数和工资收入上分别不得低于企业全部劳工人数和工资总额的 2/3，限制办理签证人数，还有技术限制（限制技术人员比例不超过 20％，并且派遣期不超过 2 年）。

📚 案例分享

因此，做海外投资之前，需要对东道国做一个法律环境调查，而法律环境是投资环境中非常重要的一个指标，投资环境的好坏，甚至比项目的好坏更为重要。投资东道国的种种法律规定，决定了企业该如何投资，甚至是否投资。认真评估东道国法律对投资项目可能产生的法律约束和行政审批约束，采取应对措施，避免投资受损。

2. 政策尽职调查

绿地投资的政策调查主要是东道国的经济开发政策、外资扶植政策、贸易和关税政策、货币与财政政策和外汇与外资政策等以及中国农业政策对农业海外投资的阻碍，如政策实际操作中的歧视性、配额、检验检疫制度、融资支持等。

📚 案例分享

安徽富煌三珍食品集团有限公司是成立于 2002 年的水产品加工企业，境内母公司注册资本 4 000 万元人民币，拥有 8 个国家级水产养殖基地，目前的主打产品有冷冻料理、火锅料理、调味品和风味食品四大类别。

为了进一步拓展海外市场，公司总部于 2013 年在美国成立了蓝海豚子公司，主营产品为水产品进出口和销售，暂未拓宽业务。注册资本为 10 万美元，持股比例 100％。企业目前将龙虾、鲴鱼和酱作为"走出去"的主打产品，每种的出口退税额大概在 13％～15％，并对出口产品进行不断优化来提高出口产品的竞争力。另外，出口小龙虾、在美国进口鳕鱼并且加工后再出口到不同国家也是企业的重要经营方式（加工是劳动密集型产业，利润低但稳定）。

但 2016 年公司出口额大幅下滑，2016 年出口额仅为 2015 年的 1/5～1/6 左右。主要原因是美国方面的进出口检验的执行部门由 FDI 转为美国农业部，检验政策有所调整。另外，中方由于一直对美国的进出口检验政策把握不准，因此宁可不出口也不愿出口产品出现问题，国内质检标准高且从原材料到产成品出口需要经过多道检验程序，企业也迫切希望中国方面简化检测程序，方便企业出口。

可见，安徽富煌三珍食品集团 2016 年出口额锐减的主要原因是美国检验政策的调整和国内的苛刻检验程序。

3. 环境尽职调查

绿地投资的环境尽职调查既包括自然地理环境条件和基础设施条件等方面的硬环境调查，也包括政治因素、经济因素和社会文化等方面的软环境调查。

案例分享

中兴能源（天津）有限公司，隶属于中兴能源有限公司，注册资本 11.5 亿元人民币，是中兴通讯公司的兄弟公司。公司落户在天津开发区，以滨海新区为基地，以战略资源运营为目标，在国内和国际范围内快速发展，取得了一定成果，并在海外投资、节能减排、生物医药、信息化建设等领域不断寻找新的项目机遇。

中兴能源积极响应国家农业"走出去"的号召，以为中国实现棕榈油自给为战略目标，为争取棕榈油上游开发资源，降低中国棕榈油对外依存度，以天津为基地进行海外棕榈等农业项目的开发投资，分别于 2010 年收购了印度尼西亚 SCC 公司、2011 年收购了 Celestar 公司，共收购土地 30 000 公顷。

中兴能源从 2007 年就已派驻工作小组对印度尼西亚棕榈投资的自然种植条件、国家政策条件、知名棕榈种植集团等进行了详尽的考察，并与多家棕榈种植集团进行了深入交流，探讨多种合作模式。2007—2009 年，中兴能源公司对多个棕榈园收购目标进行了尽职调查、筛选、谈判，对在印度尼西亚投资的法律环境、人文环境、经济环境有了更加全面深入的了解。

2009 年，中兴能源在印度尼西亚雅加达设立了印度尼西亚子公司，作为东南亚棕榈行业投资平台，并在当地招聘了资深技术专家及行业投资专家，建立了专业人才队伍。SCC 公司项目的种植园分布于加里曼岛中部，面积 7 000 公顷，收购费用 1 737 万美元，中方持股 60%，另外 40% 股份由三个印度尼西亚自然人持有。Celestar 公司项目种植园位于西加里曼丹岛，总面积 23 000 公顷，收购费用 3 700 万美元，中方持股 51%，以公司在新加坡设立的公司名义收购，外方持股者为印度尼西亚公司。Celestar 公司成熟面积大，未成熟面积种植小，具备建设配套榨油厂所要求的规模经济条件。2016 年榨油厂已经建成，该榨油厂加工能力为 60 吨/小时，年产毛油量超过30 万吨。中兴能源公司的印度尼西亚项目由于前期做了较为充分的尽职调查和市场考察，对东道国的经济、人文环境认识全面，所以目前面临的投资约束不多，全部种植园面积中只有少量存在土地纠纷，估计很快就会解决。

案例分享

2002 年起中国天然橡胶消费量超过美国，居世界第一。中国天然橡胶产区主要集中在海南、云南和广东三地，种植面积 100 多万公顷，生产能力60 万～70 万吨。中国天然橡胶产量只占世界总产量的 6.8%，却是天然橡胶消费大国，约 80% 的天然橡胶依赖进口。海南橡胶集团在海南岛深耕细作 60 余载，每年因寒害、台风影响，干胶产量经常遭受损失，加上近年岛内土地资源日益稀缺和人工成本大幅攀升，种植橡胶的比较优势大为减弱。在国内种植橡胶比较优势逐步丧失、生产成本日益升高的情况下，走出去发展天然橡胶产业是必然的战略选择。为此，海南橡胶集团充分利用国家相关产业政策，实施"走出去"的发展战略，抓紧在国内和境外橡胶主产区、贸易区寻找新的并购重组机会和目标，经过广泛而深入的考察和调研，地处非洲的塞拉利昂被纳入视野。

塞拉利昂地处非洲西部，濒临大西洋，大多属热带雨林气候，光照充足、雨量充沛、土壤肥沃、土地资源丰富、水系发达、没有台风、无寒害影响，最低温度 18～19℃，干胶亩产量达 150 千克，是海南的 2 倍多。塞拉利昂有 70% 的土地是农业用地，这些农业用地当中有 90% 处于荒芜状态，亟待开垦。除却优越的自然条件，塞拉利昂政局稳定，政治民主，政府渴望经济发展和社会进步，合作态度积极主动。民众比较温和、善良、讲秩序、守法，社会治安良好，劳动力资源丰富、人工成本低廉。中国于 1971 年与塞拉利昂建交以来，双边关系发展顺利，经贸合作历史悠久。

在国家加强与非洲政治经济交往的政策背景下，在国家发改委、商务部、外交部、进出口银行和海南省委、省政府及相关部门的大力支持下，以及结合海南橡胶自身"走出去"战略的需要，海南橡胶集团从 2010 年开始与塞拉利昂方面展开了频繁接触，通过与塞拉利昂政府及相关合作方的协商谈判，促成了利用政府间优惠贷款在塞拉利昂开展橡胶、水稻种植与加工项目。2013 年 6 月底，海南农垦集团控股子公司——海南橡胶集团与塞拉利昂共和国政府在三亚签约，决定成立合资公司，共同在塞拉利昂发展天然橡胶和水稻种植加工项目。项目初步确定由海南橡胶、江苏省建、中海国际和塞拉利昂政府在塞拉利昂成立合资公司，注册资金 5 000 万美元。塞拉利昂政府以土地使用权折价 500 万美元入股，占 10％股份，其余注册资金 4 500 万美元由中方三家公司以现金注入（海南橡胶占 70％股份，江苏省建和中海国际各占 10％股份）。合资公司为项目建设与运营主体。项目在当地建设规模为 13.5 万公顷的种植项目，其中 10 万公顷种橡胶、3.5 万公顷种水稻，预计可年产橡胶 20 万吨、水稻 18 万吨，年收入 40 亿～50 亿元人民币，直接吸纳近 2 万当地人就业，单就规模而言，这一计划可谓宏伟。橡胶种植项目运作模式分两种：一种为核心种植区，由合资公司进行投资种植、抚管、加工销售；另一种为示范种植区，由合资公司免费提供种苗、技术，当地农民负责自费种植、抚管、割胶，产品由合资公司负责，按照当地市价进行收购、加工和销售。水稻种植模式为：在完成基础设施建设后，采取定额上交的方式将稻田承包给水稻种植公司或大户经营。

该项目是海南省与塞拉利昂政府合作的第一个农业项目，也是中国政府加强与非洲交流合作中的重要经贸项目之一。2013 年 11 月 5 日，海南橡胶集团与塞拉利昂共和国政府等三方成立的合资公司——塞中农业发展有限公司在塞拉利昂完成了工商注册登记，新公司挂牌运营。但在投资海外公司的过程中，海南橡胶集团对塞拉利昂的环境因素了解不足，低估了疫病防控形势。2012 年 7 月起，塞拉利昂爆发了较为严重的霍乱疫情，全年共发生近 3 万例感染病例，其中 287 人死亡，同时塞拉利昂疟疾和伤寒较为常见。2014 年 5 月以来，塞拉利昂爆发大规模埃博拉疫情。截至 2015 年 11 月 7 日，塞拉利昂埃博拉疫情宣告结束，共有 8 704 人确诊感染埃博拉病毒，其中 3 589 人死亡。2016 年 3 月，世界卫生组织宣布解除塞拉利昂等西非三国公共卫生紧急状态。受埃博拉病毒的严重影响，集团塞拉利昂项目客观上受到影响，项目推进缓慢，影响了整个集团的海外投资计划。

通过案例可以发现，对东道国进行环境尽职调查，可以在投资前对可能遇到的困难和风险做出预案，避免在投资过程中面临过多的约束。

(四) 法律尽职调查的关注重点

进行绿地投资项目时会涉及公司法、合同法、土地法、税法、劳动法、保险法、知识产权法等几乎目标国所有的与经济活动相关的法律、法规，而这些法律方面的关键问题对绿地投资项目会产生极大的影响。在投资前要通过法律尽职调查，对投资可能遇到的法律障碍及风险有充分的了解，并可通过投资架构安排、合同约定等进行相应的规避处理。具体来说法律尽职调查重点应该关注以下几方面的内容：东道国与投资相关的法律；东道国对该项投资的许可，特定的投资可能还需要得到东道国反垄断部门的批准；运营许可，主要包括与投资活动相关的东道国政府的各项许可，如企业设立、土地获得、员工雇用、设备材料进出口、环境许可、建设许可、融资、外汇汇兑等；可预见的东道国内部的法律变化；东道国法律执行部门在实际执行时与法律规定不符；知识产权保护的相关法律等。

案例分享

石家庄迈瑞商贸有限公司是一家主营粮油、食品类商品，兼营其他各类商品的综合进出口企业。同世界上 30 多个国家和地区的近百家客户建立了密切、稳定的贸易关系。迈瑞公司注册资本 50 万元人民币，2015 年底资产总额 2 000 万元人民币，2015 年实现销售收入 1 100 万元人民币利润总额 66 万元人民币。迈瑞公司选择在波兰投资是市场形势变化所致，由于单纯贸易面临着困境，而波兰当地又出现了投资机会，这种机会可以实现企业的经营转型，同时又能帮助企业摆脱当前面临的贸易困境。为了促进贸易，迈瑞公司在波兰先是成立了分公司，但是作为外国企业的分公司，交易受到限制。2012 年，迈瑞公司通过一个德国朋友，间接地在波兰收购了一家以红小豆为原料，生产红豆沙传统食品的加工厂。2015 年，迈瑞公司在波兰注册了"中欧（波兰）亚洲食品与农产品加工厂"，是在并购加工厂基础上建立的合资企业，注册资本 330 万美元，中方持股 40%。工厂在加工当地传统食品基础上，也转型生产一些适合当地市场的亚洲风味食品，比如波兰火腿等。2015 年，企业营业收入达到 1 300 万美元，利润 58 万美元。2016 年开始迈瑞公司筹备在波兰设立一个新的公司，即"中东欧国家农产品信息交流与合作平台及名优农产品展示中心"。中心选址位于华沙，初定经营面积800平方米，包括600平方米的展示区和200平方米的办公区。公司在经营和贸易方面遇到的限制主要在两个方面，一是部分特定产品的贸易受到限制，如中国猪肉；二是融资困难。由于波兰已经融入欧盟，所以经济规则都向欧盟看齐，但对外资企业仍有很多的限制，这是当初投资前未预料到的，公司在实际经营过程中不得不根据东道国的限制做出相应的调整。

上述案例表明：只有对东道国的立法从外资企业组建、生产销售、公平竞争、贸易管制以及司法公正度等方面逐一研究，才能弄清东道国法律对绿地投资影响，避免投资项目陷入被动局面。

📚 案例分享

华立集团股份有限公司创立于1970年9月28日，1993年成为中国电工仪表行业规模最大的企业，并开始跳出工厂化发展模式而进行多元化投资以形成产业集群。华立集团经过四十多年多元化的产业投资发展，华立已逐步成为一个具有国际竞争力的跨国经营公司。目前企业总资产已超过100亿元人民币，年营业收入连续多年破百亿，员工总数11 000余人。华立在全国各地及海外拥有一支千余人的科研团队。作为较早一批响应政府"走出去"号召的企业，华立集团紧扣"国际化"的发展战略。华立已在泰国、印度、阿根廷、约旦、坦桑尼亚、乌兹别克斯坦等国投资建立了各类产业的生产基地；在美国、法国、俄罗斯、菲律宾以及非洲的十多个国家设立了业务机构，代理和销售的产品遍及五大洲120多个国家和地区。2005年华立在泰国中部罗勇府投资开发的"罗勇工业园"，开辟了中国企业"走出去"的新模式，已成为国家"一带一路"建设上的金名片。2010年，华立开始在印度尼西亚、柬埔寨布局，发展生物质可再生能源产业。2015年，华立北美华富山工业园项目开发正式签约启动，标志着华立海外工业园建设迈上新台阶。2015年，屠呦呦获诺奖之际，华立青蒿素产业化之路，得到社会各界的一致认可，并荣获2015年度最具世界影响力的中国品牌。

以与中石油合作的生物质燃料乙醇项目为契机，华立集团在柬埔寨、印度尼西亚、缅甸等东南亚国家大规模开发现代化农场。2010年开始浙江华立集团在柬埔寨筹建木薯种植及木薯产品深加工行业项目，该基地将作为华立集团与中国石油天然气集团公司合作在舟山六横岛棕榈湾兴建的 50 万吨燃料乙醇工厂的原料基地，以此实现农业资源与能源产业的无缝对接。根据舟山燃料乙醇项目的规划，一期年产燃料乙醇 50 万吨，年需原料木薯干 140 万吨或鲜木薯 350 万吨。据此数据估算，由舟山项目而成为木薯原料供应商的华立集团将成为世界数一数二的木薯干贸易商。

该项目华立生态产业（柬埔寨）有限公司总投资 8 700 万美元，木薯种植及木薯产品加工基地第一期规划占地 9 214 公顷，将集木薯种植、木薯产品加工及当地木薯干收购、储存于一体，计划在一年内开发完成。木薯产品可通过水陆两种方式到达越南的港口，再通过越南转口到中国；也可通过陆路运输到柬埔寨西哈努克港直接出口至中国，或通过泰国边界到泰国的港口再进行转口。该项目为满足舟山项目的稳定需求，控制相应规模的木薯资源，年销售规模约 2 亿美元以上，将占世界市场的近 2%、东南亚市场的 5%。通过这个项目，华立将有可能逐步获得控制世界木薯资源和价格的能力。

华立集团在进行尽职调查时发现，柬埔寨将外国股东持股超过 50% 的公司认定为外国公司，且不允许此类公司成为柬埔寨土地的所有人。华立生态产业（柬埔寨）有限公司被认定为外国公司，不允许购买当地土地，公司只能选择与当地农户签订协议收购木薯，这对公司保证货源和降低种植成本极其不利。通过进一步的深入调查发现，这个问题可以通过土地特许的方式来解决，即通过租赁取得土地使用权，最多可以享有 70 年的土地使用权。华立集团随即做出投资柬埔寨的决定。

因此，做海外投资之前，需要对东道国做一个法律环境调研。法律环境是投资环境中非常重要的一个指标，而投资环境的好坏甚至比项目的好坏更为重要。投资东道国的种种法律规定，决定了企业该如何投资，甚至是否投资。

（五）政策尽职调查的关注重点

一个国家的经济政策与该国的经济发展水平有很大关系，它既取决于经济发展水平又同时决定着经济发展前景，绿地投资尽职调查重点关注东道国的政策有：经济开发政策、商标、专利和许可经营权、贸易和关税政策、货币与财政政策和外汇与外资政策等以及国内农业政策对农业海外投资的阻碍，如政策实际操作中的歧视性、配额、检验检疫制度、融资支持等。

📚 案例分享

湖南雪峰种业有限责任公司主要从事瓜类、蔬菜种子和常规水稻、杂交玉米、油菜、种子的科研开发及种子生产、加工、销售，兼营为公司配套的生产资料、家禽水产、园林花卉、科技咨询服务。公司曾在老挝进行南瓜育种方面的投资业务，兼营少量的灌溉等技术服务和投资，虽然当地的气候条件和市场条件对于开展业务具有较大吸引力，但是由于 2010 年开始老挝育种不再给予审定，政府政策规定只能由其他国家进行部分种业的育种，加上当地经济不稳定，融资困难，还有公司在当地育成的种子，由于中国海关的检验检疫等制度导致育成的种子也无法回到国内，因此在当地的育种业务只能转交当地公司经营。

上述案例表明：投资经营者备案登记，农作物经营许可证等商标、专利和许可经营权以及国内农业、检验政策对农业海外投资的阻碍应当引起高度重视。

（六）当地文化尽职调查的关注重点

文化的差别直接导致跨文化之间投资的障碍。尤其是对中国的企业而言，跨国经营时间较短，缺乏对投资东道国文化、风俗等方面的了解，管理上套用国内模式，结果不仅导致经营管理上沟通困难，甚至导致投资失败。文化尽职调查主要包括：宗教制度、语言与文化传统、教育和人口素质以及社会心理等方面的调查。

📚 案例分享

20 世纪 70 年代，美国堪萨斯公司在香港开设了 90 家烤鸡店，以为香港人能接受，可是没几天就全部关门，原因是美国老板忽视了同类食品在中国有替代产品，如广东的炸子鸡、霸王鸡、醉鸡，四川的贵妃鸡、叫化鸡、白斩鸡和棒棒鸡等，而且比美国的都要好，所以美国的公司失败了。而美国的汉堡却推销成功了，因为中国没有类似的产品。

世界上的语言有三千多种，如果能掌握当地的语言并熟练运用，能增加当地人的亲切感，如果掌握不好，容易在词义上产生误解，例如美国通用汽车曾推销 nova 型雪弗莱汽车，本来英文意思是"神枪手"，但是在西班牙语中的意思是"跑不动"，因此销路不畅。

不同的地区和民族都有自己独特的文化及风俗。以北美地区为例，北美地区的文化从属于西方文化与价值观体系。从思维方式上看，西方人注重思辨理性分析，剖析整体再加以综合；中国人注重直观、整体、经验。在西方哲人看来，只有思辨性的东西才是最真实、最完善、最美好的。从价值取向看，西方人注重以自我为中心，重个人、重竞争；中国人注重群体、社会、和谐。从伦理道德上看，西方人注重个人放任，创新发展，张扬荣誉，崇尚个人奋斗，家庭观念比较淡漠；中国人注重谦虚谨慎，中国传统的文化要求人们不偏不倚，走中庸之道，担心创新有风险，家庭观较重。从行为规范上看，西方人"重利"、"重法"，强调以个人权利为基准，以追求私利为目标，因此不重视人与人之间的情义，依靠法律才能解决人与人之间的矛盾；中国人"重义"、"重情"，由于受传统的义利思想的影响，重义轻利，重情轻法，主要靠道义约束人们的行为规范和维系社会，而不是靠法律约束，法律意识比较淡薄。从社会关系上看，西方人平等意识比较强，强调个人竞争之上的平等，无论贫富，人人都会尊重自己，不允许他人侵犯自己的权利，同时又能充分尊重他人；中国人等级观念比较强，出生以及贫富状况等先天的差别造就人与人之间的等级隔离。在全球化趋势之下，借助于互联网对文化的快速传播，我们对西方的文化已经有所了解，在美大地区的南美洲以及大洋洲除新西兰和澳大利亚外其他地区对我们来说依然比较陌生。而南美地区丰富的农业资源和南太平洋丰富的渔业资源将会是中国农业企业对外投资的首选地之一，因此我们对这些地区的投资必须提前做好功课，在全面了解政策、法律之外，对于文化和风俗等方面也不可忽视。

二、农业绿地投资类项目规划设计

农业绿地投资类项目规划的基本内容包括项目必要性、项目可行性、项目规划设计等内容。

（一）项目规划的必要性

进行绿地投资前，企业一定要评估投资的必要性。投资项目的必要性评估是对所确定的拟投资项目将来所生产的产品或提供的服务能满足国内外市场需求和得到社会认可并为投资方带来可观的经济效益所进行的审查、分析和评价。绿地投资项目的必要性评估是投资项目所能实施的先决条件。只有对项目的必要性进行了严格审查、分析和评估，方能确认其确立或兴建的必要程度，从而保证项目投资的正确性和合理性。

案例分享

辽宁省辽阳某商贸中心成立于 2001 年，在国内主营百货、工艺品、五金机电、建筑及装饰材料、钢材、工程机械、劳保用品、化工原料、家具、文化体育办公用品及设备批发零售等业务，经营业绩较好。受周围企业"走出去"的影响，认为加拿大投资环境好，注册经营企业手续简便，在未进行投资必要性评估的条件下，于 2014 年在加拿大多伦多市投资 58 万加元购买了一个面积 200 英亩*的农场，准备利用农场酒窖开展葡萄酒相关业务，但国内母公司并不具备葡萄种植和葡萄酒生产相关经验，导致投资两年都未开展相关业务，只种植玉米、小麦和牧草等作物，维持农场日常开支，所进行投资并未产生太多的收益。

辽阳某商贸中心进行投资前并未进行投资项目的必要性分析，且对目标行业认识不够全面，高估了自身商业经营对目标行业的作用，导致两年未开展相关经营。虽未造成资金损失，但也占用了母公司生产经营资金，影响母公司获利能力。

（二）在目标国的可行性

绿地投资项目要评估目标国的投资可行性，包括所在国家及当地政治、经济情况，与项目有关的税收、外汇、进出口、外资利用、资源开发、行业准入、环境保护、劳工等法律法规情况，当地相关行业及市场状况；涉及资

---

  * 英亩为非法定计量单位，1 英亩＝4 046.86 平方米。——编者注

源开发的，还应说明所在国家有关资源的储量、品质、勘探、开采情况。

1. 开展绿地投资项目，首先要考虑目标国和地区的政治风险

东道国政治风险指农业企业在东道国开展农业投资活动时，因东道国政府采取政治干预而面临的风险，是农业海外投资面临的最大风险。政治风险一般具有不连续性、不确定性、政治力量和经营冲击四个特点。绿地投资项目是一种长期的投资经营活动，投机者必须重点关注目标国和地区的政治因素，包括目标国的政治体制、政府的稳定性、政策的连续性、政府的服务效率、政府的对外关系、法律制度与司法公正等。政治环境关系到投资本身的安全性。若忽略了政治因素，轻则投资项目流产，重则投资血本无归。

案例分享

大康国际农业食品股份有限公司，简称"大康农业"，自2014年以来逐步明晰了"全球资源，中国市场"的发展战略。2016年4月初，澳大利亚最大的畜牧公司Kidman表示有意出售旗下18处牧场的土地权益，近20万头牛，这其中就包括世界最大的养牛场Anna Creek。2016年4月19日大康农业发布公告称，其已完成与澳大利亚Kidman公司的《要约收购实施协议》，以不超过3亿澳元的对价获得该公司80％的股权。2016年4月29日，澳大利亚国库部长斯科特莫里森以国家利益为由对大康农业的大康澳洲向澳大利亚海外投资监察委员会（FIRB）提出收购Kidman公司80％股权的申请做出了初步否决的声明，并要求收购方于澳洲时间2016年5月3日前做出相应回复。莫里森认为，中国企业收购澳大利亚最大畜牧公司，其担心这起由中国牵头的收购交易有违国家利益，同时该项交易规模或削弱了公众对海外投资的支持。5月3日，大康农业与Kidman公司、大康澳洲、澳大利亚农资公司（ARC）以及安纳西有限公司签订了《Termination Deed》（终止协议），就上述相关公司于2016年4月19日签订的签署附条件生效的《Bid Implementation Agreement》（要约收购实施协议，简称"BIA"）进行终止。但协议各方一致同意大康澳洲、ARC以及Kidman公司会就本次收购在今后的3个月内继续进行洽谈，共同寻求可以得到Kidman公司董事会、股东以及澳洲财长认可的可行方案。外界预期大康在澳洲2016年7月2日大选后不久会修改收购方案，提高澳洲当地资本的比例。不过新一届联合政府保护主义倾向较前一届更为严重，对外国投资的怀疑态度较前任更浓，因为侧重农业的澳洲国家党在执政联盟中的人数增加。大康农业牵头的中资财团暂停对澳洲 S. Kidman&Co 提出新的收购方案，交易因此流产。

大康国际农业食品股份有限公司（简称"大康农业"）在进行投资收购前，忽略了目标国政治因素考虑，对澳大利亚政府可能秉持的态度预判不够，未能给出几个备选方案，同时，公司投资前对新一届政府的关注也不够，在首次收购遇阻后才开始考虑政治因素，后因中资财团暂停对澳洲 S. Kidman&Co 提出新的收购方案，导致交易流产。

2. 开展绿地投资项目还要考虑目标国和地区经济情况

包括所在地区的经济结构、项目产品的需求、竞争情况、行业情况等。此外，投资项目的利益和经营目标有时会与东道国政府、企业、当地居民甚至消费者产生利益冲突，若在投资前对可能产生的矛盾有所预见，合理评估，出台预案，对日后避免矛盾出现和冲突解决具有重要意义。

案例分享

浙江新洲集团最早以房地产为主业。2003 年新洲集团与黑龙江国有企业辰能贸易有限公司联手组建了黑龙江新洲材源木业有限责任公司（以下简称新洲木业），作为项目收购平台，新洲占股 70％，黑龙江辰能占股 30％。2003 年 12 月 25 日，新洲木业分别与俄罗斯哈巴边疆区国资局及俄罗斯霍尔金格林木出口公司签订了股权转让合同，花费 150 万美金，取得了哈巴罗夫斯克木兴林业有限公司（以下简称木兴公司）100％股权，并拥有木兴公司所属 24.7 万公顷林场的 49 年经营权。从 2004 年开始，新洲木业累计投资 2 亿多元人民币，在木兴林场修建了办公楼、职工宿舍楼、油库、机修车间、车辆修理车间、储木场、造材生产线等基础设施，购买了运材车、集材机、装载机等大型设备近 200 台。由于木兴公司林地出产的 95％是白松，是生产漂白纸浆的最好原料，价格上涨很快。哈巴边区这样大块的白松林地很少，俄罗斯哈巴森工部几次找借口提出收回木兴林场，但都被木兴公司据理力争回绝了。2007 年 3 月 7 日，哈巴边区狂风暴雪，7 辆拖着木材的货车在距离哈巴 24 公里处被俄罗斯交警拦截检查。其中一名叫李元生的司机护照签证上面显示是木兴林场办理。根据俄罗斯法规，木兴林场的司机为别家林场运输木材，属于盗采盗伐行为，李元生当即被俄交警扣留。李元生是一家中资伐木公司的员工，这家公司同时为很多企业提供伐木运输服务，也包括木兴公司，因为劳务输出每家公司名额有限，因此李元生签证是木兴办理的。那天运输的木头并不是木兴公司的，俄罗斯警方随后也查明了这点。但2007年3月29日，哈巴罗夫斯克边疆区检察院以涉嫌盗采盗伐为由，查封了木兴公司的全部资产。那些在木兴储木场里堆成山的木料也涉嫌是"盗伐"。从4月13日，检察院拿走公司的财务和生产文件，到9月18日，俄方税务局以欠税为由要求木兴公司破产，不到半年时间。后来木兴公司以哈巴边区检察院无理查处林场和拍卖林场木材向法院提起诉讼，并聘请了俄方高级律师予以代理。但诉讼受理最终以检察院拒不到庭为由，推迟开庭至今。

木兴公司投资的俄罗斯哈巴边区经济结构单一，以木材种植、采伐和加工为主，而木兴公司所投资的林场树木品种为白松，在哈巴地区分布少。后来，又逢白松价格上涨，公司利润可观，政府和其他竞争对手对木兴公司丰厚经营收益深感不悦，于是，采取措施对公司经营进行干扰，并发生了后续事件。若木兴公司能提早预见此事，并在哈巴森工部与公司第一次交涉时，提出转让方案，或许可以避免后续事件的发生。

3. 在开展绿地投资可行性分析时，还要考虑目标国的通货膨胀和汇兑风险等

汇兑限制指东道国政府或代表东道国政府从事外汇交易的机构禁止、限制企业将当地货币兑换成约定货币及任何可自由兑换货币；或将上述约定货币或可自由兑换货币汇出东道国；或者向企业实行歧视性汇率。此外，对发展中国家进行投资时，还存在利润汇回风险，因为这些国家可能会限制大量外汇从本国流出，导致母公司无法收回绿地投资回报。

案例分享

河北黑马粮油工业有限责任公司位于河北省辛集市，公司主营粮食收购，小麦粉生产、销售，代农储粮，农副产品收购、销售，货物进出口、技术进出口等业务。2008年，黑马公司与非洲合作伙伴共同出资，在埃塞俄比亚注册成立了甘特斯—黑马食品合资公司。公司注册资本200万美元，黑马公司持股 30%，出资额 60 万美元。其中，外方股东以厂房和土地折价入股，中方以设备投资入股。加工厂设立三条生产线，生产婴儿食品、米粉、膨化休闲食品等。由于接到联合国救济食品订单，生产效益较好，但是后来，企业经营并不景气，三条生产线一直只能开工一条，使用率很低。对于其原因，黑马公司的经营者表示，一方面非洲人惰性强，生产效率较低，产品销售市场开拓慢；另一方面是汇率下降和埃塞俄比亚外汇管制的原因，即使赚了钱也汇不回中国，所以现在双方都不着急，维持一条生产线开工的基本现状。

河北黑马粮油工业有限责任公司之所以不积极经营甘特斯—黑马食品合资公司，只维持三条生产线中的一条进行生产，除因销售市场拓展缓慢，当地市场需求不足以满足三条生产线同时开工的产量外，主要原因是汇率下降，经营利润在很大程度上被货币转换成本抵消，公司实际利润严重缩水，生产经营积极性必然下降。另外，更重要的原因是埃塞俄比亚政府实行外汇管制，即使公司愿意承担因汇率下降造成的损失，换回的美元也很难汇到国内，这必然进一步降低中方股东的生产经营积极性。

4. 开展绿地投资也要考虑目标国的政府限制、行业准入、环境保护和劳工法律等

目标国政府对投资项目所在行业开放程度如何、外国投资者进入该行业受到的限制如何、外国投资者是否能获得国民待遇、在环境保护方面对项目所在行业是否有特殊的规定等问题都需要进行可行性评估。通常来说，发达国家对行业准入、环境保护和劳工法律的要求比较高，而一些发展中国家因相关法律法规不健全或开放程度较低，政府对各个产业的限制比较多。

📚 案例分享

黑龙江北大荒种业集团有限公司是集育、繁、加、销于一体的科技化产业集群。拥有农业部颁发的全国种子经营许可证和种子进出口经营权，主要从事大豆、玉米、水稻、小麦、大麦、甜菜、蔬菜、牧草、杂粮等农作物种子的选育、繁育加工和销售。随着集团在国内、国际种界的知名度、影响力的提高，集团与国内外种子机构、科研单位的交流合作得到新的加强。2006年响应国家农业"走出去"战略，在菲律宾注册了一个水稻种子品种，同时与菲律宾人合资建立海外公司，北大荒占 40%，菲律宾人占 60%，出资额 600 万人民币。投资目的主要是开展农产品贸易、农产品深加工、农机出口、观光农业等。但由于前期调研工作不到位，导致后来在实际运作中出现了一些问题：由于竞争对手和政府人员引导当地媒体出现了一些不利于公司开展业务的报道，导致不能大规模开展种植；当地气候条件不好，旱涝分明，而投资地区的灌溉条件也不好，大规模种植开展困难；菲律宾政府对制种有较多限制，如必须在当地制种，使用当地的农药等，导致公司种业的相关业务进展缓慢；发现中国之前援外的资源如拖拉机、插秧机等闲置，公司想接手这些物资，以方便开展农业生产但菲律宾商务部和农业部不同意；菲律宾在制肥、许可方面的限制较多，导致外来企业想获得许可非常困难；外资企业在菲律宾也不能享受到国民待遇，菲政府对外国人制约较多，商务签证申请手续麻烦，还不易申请到。

黑龙江北大荒种业集团有限公司对投资项目的可行性评估未做到位，对菲律宾政府对制种行业限制未能充分了解，且对投资地区的自然条件未进行充分评估，导致投资未能实现预定目标。

（三）绿地投资类项目的主要内容

设计绿地投资项目的主要内容包括建设地点、建设规模、建设期限、进度安排、技术方案、建设方案、资金安排、需要建设的配套设施等；主要产品及目标市场：包括项目主要产品及规模，产品目标市场及销售方案；相关配套条件落实情况：包括项目道路、铁路、港口、能源供应等相关基础设施配套情况及安排，项目土地情况及安排，项目满足当地环保要求措施，项目在劳动力供应和安全方面的安排和措施，加工类项目应明确项目原料来源的情况。

1. 设计绿地投资项目的内容要考虑建设地点、建设规模、建设期限、进度安排、技术方案、资金安排、需要建设的配套设施等

项目选址要选考虑自然条件、生态要求、国家政策、法律要求等。项目选址的自然条件会影响项目的生产建设，特别是农业项目受自然条件的影响更大，选址地的气候条件、土壤条件、地下水位自然灾害发生概率等对投资项目能否顺利开展和项目原料供应有密切的关系。有些项目本身未对环境产生不利影响，但对环境影响的结果更敏感，如项目加工产品对原材料（农产品）依赖敏感，若农产品受水或土壤污染，必影响项目生产产品质量。政府政策和法规方面的限制对选址至关重要，某些特定项目，可能只允许在某些地区兴建，了解有关选址地区的政策知识，合理利用可能获得的各种特许及鼓励政策。项目建设规模要与母公司的资金筹措能力和国内外产品销售需求相匹配，并为未来发展预留出空间，不可盲目扩张规模。项目建设期限和进度安排合理，要与当地施工条件、原材料供应、施工技术人员雇用条件相适应，避免出现抢工期现象。

案例分享

位于巴哈马首都拿骚的巴哈·玛（Baha Mar）度假村项目，总投资35亿美元。其中，24.5亿美元贷款来自中国进出口银行；中建投资1.5亿美元，该项目开发商伊兹密尔利安（Izmirlian）家族投资9亿美元。该项目是中国建筑股份公司（中建）在海外最大的投资项目，也是加勒比地区迄今为止最大的度假村项目。巴哈·玛度假村项目包括一个拉斯维加斯式的赌场，18洞的杰克·尼克劳斯高尔夫球场以及包含2 000间酒店客房的多个豪华品牌酒店等。该项目原计划2014年底开业。但因建设开发资金耗尽，该项目已经错过2015年3月开业的最后期限，并已停工数月。2015年6月29日，巴哈·玛项目的大股东巴哈玛度假村有限公司在美国特拉华州法院申请破产保护，将项目施工的延迟归咎于中建美国子公司，称中建已经停止一切实质性工作，并向法院提交文件指摘中建。法庭文件显示，该项目建设已经完成97%。中建美国巴哈·玛公司2015年7月27日向媒体提供的这份公告指出，"巴哈·玛公司未能向中建支付2015年前五个月的基本月度工程进度款，共计金额约7 200万美元。此外，巴哈·玛公司仍未兑现拖欠中建约计7 000万美元的工程变更款"。并在公告中表示，"尽管巴哈·玛公司屡屡失误并故意违约避付工程款，中建美国巴哈·玛公司仍愿意再次对项目提供资金支持，以求挽救项目。"2015年7月27日该项目在北京开展"四方会谈"，但争执较大。中国进出口银行就该项目提供新贷款的有关担保部分的要求，中建向巴哈·玛公司要求提供类似担保，但被项目业主断然拒绝。而中建则认为，"提供反担保是让巴哈·玛大型海岛度假村项目回到正轨并取得完工的途径"。中建美国巴哈·玛公司称，巴哈·玛公司要求中建将其在巴哈·玛公司中现有的股权投资1.5亿美元优先股降低至7 500万美元，即原有金额的一半，并同时要求将中建在巴哈·玛公司中股权投资的利率削减至零。中建称巴哈·玛公司此举是"背道而驰"。巴哈·玛公司2015年7月27日发布公开声明表示，向中国进出口银行提供一个"可行的建议"，其中包括希望利用巴哈·玛的承包商和巴哈·玛的劳动力完成中建没有完成的巴哈·玛度假村项目。并指责中建在几次设定的时间表没有完成该项目建设。双方各执一词，互相指责，僵局难解。2015年9月15日，美国破产法院驳回所有在美国以外设立的债务人的破产申请，由于核心资产均处于这些巴哈·玛公司的名下，因此巴哈·玛公司寄予重望的美国破产保护程序自此流产；2015年10月30日，根据巴哈马最高法院的命令，中国进出口行作为项目最大的担保债权人，正式指派德勤为破产接管人，全面接管巴哈·玛项目。

2. 设计绿地投资项目的内容考虑产品规模、销售方案等，也要考虑目标国家的销售限制

项目产品规模可以通过产品的市场分析来确定，市场分析要对产品的国内外需求情况、供给情况、产品生命功能和特性、产品价格、竞争对手情况等内容进行分析，另外，还要考虑原材料的供应、技术人员的配备、运营资金规模、营销方式等因素对产品生产规模的影响。制定完整翔实的销售方案，销售方案中要明确销售渠道、销售计划、销售方式、销售范围、销售人员等内容。另外，还要了解投资目标国对产品在国内销售是否有限制、对出口到国外是否有限制，是否需要办理特殊的手续等。

📚 案例分享

天津农垦集团总公司主营奶牛育种、奶牛饲养及原料奶供应、乳制品生产、葡萄酒业、精品农业、工业、房地产业、商贸服务业等。2010年开始从事海外投资业务。当时的主要考虑是，由于国内饲料价格高企，公司的奶牛养殖业务无法得到保障。公司海外投资初衷是利用保加利亚优质土地和廉价劳动力等资源，开展玉米等饲料用作物的规模化生产，运回国内，用于公司奶牛养殖业，降低生产成本，提高经济效益。2011年，在保加利亚成立天津农垦集团保加利亚公司，注册资金100万欧元，总投资980万美元。

2013 年，公司对保加利亚项目进行增资，注册资本提高为 375 万美元，总投资 7 764 万美元。2013 年，公司开始接洽土地，其中收购了一家公司，获得永久耕地 5 万亩，另外还租赁了 8 万亩土地，租期 10 年，两类土地合计 13 万亩。2014—2015 年期间，公司在自有的土地上从事农业生产，主要生产玉米、小麦等粮食作物和油菜籽、向日葵等油料作物。天津农垦保加利亚公司设立了内外结合的经营模式，即在保加利亚公司之外，还同时成立了一家天津农垦龙呈嘉益国际贸易有限公司，该公司的主要使命是为境外分公司提供服务，也就是将保加利亚分公司生产的产品进口到国内，一方面为本公司提供资料原料支撑，另一方面供应国内市场。从实际运作看，这种模式不太现实，受到保加利亚基地生产能力和整个保加利亚市场供应能力的局限。所以，保加利亚公司的业务很快演变成基地产品部分供应当地市场和部分出口到中国，贸易公司的经营扩大到从多个欧洲国家开展进口贸易。2015 年，保加利亚公司生产约 6.3 万吨玉米，其中 99% 销往中国而 1% 在当地销售，生产的 9 863 吨小麦、油菜籽等产品则全部在当地销售。可见，保加利亚公司生产的玉米和小麦等作物根本不能满足母公司需要。另外，天津贸易公司在国内的进口配额也非常有限，在 2014 年进口利润高的时候，公司进口额高达 19 万吨，但自身分配到的配额并没有这么多，当时通过很多南方有配额的企业委托进口才解决问题。后来公司曾经尝试过获得国家分配自营配额的机会，可惜错过。2016 年，贸易公司每年仅有数千吨的配额权利，进口贸易空间很小，这与保加利亚公司生产能力完全不匹配。

天津农垦集团总公司的投资项目与最初投资目的呈现一定的背离，一方面的原因是项目建设规模与国内母公司对产品需求不符，另一方面原因是中国粮食进口配额制的限制。

3. 绿地投资项目设计要落实项目相关配套条件

项目配套条件具体包括项目动力供应、水电供应、道路、铁路、港口、能源供应等相关基础设施配套情况及安排等内容。

电力是项目生产建设的主要动力来源，要保证目标国提供电力供应能满足项目生产建设所需的耗电量和高峰负荷。明确投资项目生产和建设中工业用水和生活用水供应，确保水量、水质、水源地和供应设施和条件满足项目需求。交通运输是项目生产建设正常进行的关键环节，物资供应和生产销售都依靠运输来完成，因此，要保证项目周边道路、铁路、港口、车站、机场的建设能满足项目对不同运输条件的需求。项目相关基础设施配套情况，既关系到前期项目建设进度，又关系到项目投产后的运营成本，重要作用不容忽视。

案例分享

荣成市永进水产有限公司成立于 2004 年，注册资本 1 200 万元，主要业务有远洋捕捞、水产品精深加工、仓储和销售等，公司具有农业部远洋渔业资质。公司下辖远洋捕捞公司、仓储中心、荣成市元泰隆水产有限公司，公司固定资产 1.5 亿元，年销售收入逾 4 亿元。2008 年 6 月 10 日荣成永进水产有限公司在菲律宾投资 200 万美元，在当地成立捕捞公司，展开海洋捕捞及加工业务。公司的最初设想是只建立一个加工企业，但菲律宾政府要求企业还要进行码头、水电、配套仓储设施、人员公寓等方面的投资，企业后来不得不又追加了一些投资。

荣成市永进水产有限公司投资规模较最初预算增多的原因是在投资项目之初，公司并未对项目的配套设施情况落实，且不了解当地的相关规定，项目建成后，菲律宾的配套设施建设落后，在政府的要求下不得不追加投资，进行码头、水电、配套仓储设施、人员公寓等方面的建设。

项目土地情况及安排、满足当地环保要求措施、在劳动力供应和安全方面的安排和措施都要有合理方案，另外，加工类项目应说明项目原料来源的情况。

不同国家对外国人或外资公司持有土地有不同规定，有些国家允许土地私有，有些国家仅允许租赁土地，在投资前对如何获得项目建设用地的所有权或使用权做出合理安排。审查目标国环境保护条件，了解投资项目可能造成环境污染的因素和投资项目可能对环境造成污染的后果，提出治理环境污染的办法和措施，并评价保护环境措施能否达到目标国环境保护部门的规定要求。投资项目所需的技术人员、经营管理人员、普通工人数量、素质和经验共同构成一个项目生产和建设能力的重要因素，人力资源的数量和质量会对项目生产和建设形成制约，投资前要对人员的供应做出合理安排，才能保证生产和建设的正常运行。审查分析投资项目在生产建设中有关防爆、防火、防腐、防震和防放射性污染的措施是否落实，能否满足目标国的相关规定。

案例分享

　　江西正邦集团是农业产业化国家重点龙头企业，国家高新技术企业，名列中国企业 500 强 298 位，旗下有农牧、种植、金融、物流四大产业集团，在全国 27 个省份拥有 360 家（子）公司、4 万名员工，在国外 7 个国家拥有 10 家企业。2015 年总产值突破 520 亿元。2015 年初正式投资海外饲料产业和农业产业化产业，"走出去"的企业主体是从事农药、化肥产业的江西正邦生物化工有限责任公司和从事饲料业的江西正邦科技股份有限公司。2016 年 7 月，正邦集团共在孟加拉国、巴基斯坦和缅甸三个国家进行了投资，主要生产、销售饲料和农药。其中，在缅甸所设立境外企业的注册资本 1 000 万元人民币，并建立了独立的饲料生产线，缅甸本土化员工占员工总数的 90% 以上，2015 年正邦集团在缅甸实现销售收入 1 000 万元人民币。正邦集团发展部副总监张宝娟表示："正邦集团在海外投资企业发现，东南亚国家普遍面临电力供应不足和公路建设落后，企业在投资建厂时需要慎重考虑，一方面会给企业建厂时增加额外的基建支出，另一方面在建厂后会给海外企业的生产经营带来诸多不便，生产成本难以有效降低。此外，东道国的人力成本较高，且符合公司发展要求的人员相对较少，当地员工的整体素质和工作效率都较为低下，对公司的忠诚度也不高。"

　　江西正邦集团在东南亚国家的投资得到的启示是：东南亚国家普遍电力供应不足和公路建设落后，会增加基建成本，且会给日后项目生产经营带来诸多不便，提高生产成本；人力成本较高，人员素质较低，对企业忠诚度不高。

三、农业绿地投资类项目的运行管理

　　农业绿地投资类项目的运行管理内容包括：运营技术管理、质量管理、成本管理、供应链管理、销售管理、人才管理、综合管理等。

1. 运营技术管理

　　运营技术管理是项目在运行过程中，对项目相关技术所进行的管理工作，管理者一般具有较高的技术水平，能带领着自己所管理的团队完成项目运营所需的各项技术任务。运营技术管理的实际操作当中，强调的是项目运营管理者对所领导的团队的技术分配、技术指向和技术监察。

项目要通过运营技术管理，使各种机器设备和工具经常保持良好的技术状况，为生产提供先进合理的工艺规程，并要严格执行生产技术责任制和质量检验制度，及时解决生产中的技术问题，从而保证项目生产和经营活动的顺利进行。

📚 案例分享①

1998—1999 年间，中国农垦集团在赞比亚兴建占地 2 600 公顷的中垦友谊农场，在未经过科学论证的情况下匆匆投入 70 多万美元开荒，此后花费巨资从国内购买的农垦设备却无法适应当地酸性土壤，设备使用效率一降再降。结果，花大力气和大量资金开垦出来的土壤不适合水肥农业，致使农场的生产陷于困境。另外，长达 70 年的英国殖民统治让赞比亚继承了完善的司法系统，其中包括非常健全的劳工保护法律条款。前往赞比亚的中国人甚至认为赞比亚法律过于"超前"，在失业率居高不下的状况下，雇工从住房补贴到交通补贴甚至丧葬补助却没有丝毫妥协余地，最低薪酬制度非常严格，一旦违规，便要受罚。独立的工会组织还会经常要求中国投资者提高待遇、减少工作时长，这导致运行成本进一步增加。

2. 质量管理

质量管理是指确定质量方针、目标和职责，并通过质量体系中的质量策划、质量控制、质量保证和质量改进来使其实现的所有管理职能的全部活动。质量是企业的生命，是一个企业整体素质的展示，企业要想长期稳定发展，必须围绕质量这个核心开展生产，加强质量管理。

质量管理抓住影响产品质量的关键因素，设置质量管理点或质量控制点。质量管理点（控制点）的含义是生产制造现场在一定时期、一定的条件下对需要重点控制的质量特性、关键部位、薄弱环节以及主要因素等采取的特殊管理措施和办法，实行强化管理，使工厂处于很好的控制状态，保证规定的质量要求。加强这方面的管理，需要专业管理人员对项目整体做出系统分析，找出重点部位和薄弱环节并加以控制。

---

① 资料来源：铁血网 http://bbs. tiexue. net/post2 _ 4575211 _ 1. html。

📚 案例分享

在越南，提起"西南"牌饲料，从事养殖业的鲜有陌生者。作为一个外来品牌，能在强手如林的国际市场里占有一席之地，西南集团10年的海外打拼功不可没。越南金星饲料厂坐落在越南义安省，是西南集团在海外投资的第一个公司。但就是这片厂区厂房，10年前却差点成为张红兵的"滑铁卢"。

饲料工业在越南养殖业中占有举足轻重的地位，饲料成本占养殖业成本的70%。近年来越南饲料工业虽有所发展，但总体规模较小，尚难满足国内需求，原料依赖进口，国内市场饲料价格偏高，影响养殖业的发展。没有好品质，开创不了国际市场。在充分市场调研的基础上，西南集团才大胆走出去创出了新天地。

2006年，越南金星饲料厂正式投产。作为西南集团为实施国际化战略在国外投资的第一家饲料公司，这个工厂全套设备都由荷兰进口，自动化程度高，工艺先进，年生产能力达15万吨，成为当地规模比较大的一家饲料厂。但因为不了解越南的习惯和市场，整整3年，工厂一直在亏损。当朋友劝张红兵趁早撤资时，这个做过大学老师的人倔劲上来了：这么好的中国品牌，一定要在越南打开市场！公司开始重新调研市场、积极调整战略。一方面坚持严格的产品质量控制并根据越南市场习惯重新包装品牌，另一方面对越南工人进行企业文化培训。第4年起，工厂开始盈利，并逐渐占领越南市场。如今，西南饲料已成为在越南颇有名气的饲料品牌，和美国等知名品牌并驾齐驱。

3. 成本管理

成本管理是指企业生产经营过程中各项成本核算、成本分析、成本决策和成本控制等一系列科学管理行为的总称。成本管理一般包括成本预测、成本决策、成本计划、成本核算、成本控制、成本分析、成本考核等职能。成本管理是企业管理的一个重要组成部分，它要求系统而全面、科学和合理，它对于促进增产节支、加强经济核算，改进企业管理，提高企业整体管理水平具有重大意义。

要搞好成本管理和提高成本管理水平，首先要认真开展成本预测工作，规划一定时期的成本水平和成本目标，对比分析实现成本目标的各项方案，进行最有效的成本决策；然后根据成本决策的具体内容，编制成本计划，并以此作为成本控制的依据，加强日常的成本审核监督，随时发现并克服生产过程中的损失浪费情况，在平时要认真组织成本核算工作，建立健全成本核算制度和各项基本工作，严格执行成本开支范围，采用适当的成本核算方法，正确计算产品成本；同时安排好成本的考核和分析工作，正确评价各部门的成本管理业绩，促进企业不断改善成本管理措施，提高企业的成本管理水平。此外，还要定期开展成本分析，找出成本升降变动的原因，挖掘降低生产耗费和节约成本开支的潜力。

案例分享

厦门永坚行（福州）贸易有限公司成立于 1997 年，是一家以外贸为主，内贸为辅的综合性公司。主要出口产品：水产品、农副产品、日用百货品、工艺品；公司成立以来与日本、韩国、美国等国家客商建立了长期稳定的贸易关系。

2013 年开始在印度尼西亚投资，租赁一个面积达几万公顷的岛屿，主要养殖一些高附加值鱼类。目前的规模 400 网箱，其中老鼠斑 200 网箱，年产量约 100 吨，东星斑 100 网箱，年产量 50 吨，其他杂斑 100 网箱，年产量 80 吨。最终企业规模预计达 1.5 万箱。老鼠斑之类的高附加值类的鱼多数运回中国销售，也有部分出口到韩国、日本。国内渠道，主要销售给渔商，400 元人民币/千克；成本价在 200 元人民币/千克。国外对于鱼类的进口征收关税，其中韩国的关税较高。

公司选择在印度尼西亚投资的重要原因是养殖成本低，一方面土地租金相对廉价，前期的在外投资达到 100 多万美金，租期是 20 年，租金没有超过 20 万美金；另一方面，用工成本相对较低，不仅为公司节约成本，也带动了当地人民就业。但鱼苗在印度尼西亚受国家管制，每年政府会提供高质量的鱼苗给当地百姓，公司不能从政府获得高质量鱼苗，只能被迫从当地百姓手中收购鱼苗，但这样依旧要比养殖一般质量鱼苗成本低，因为高质量的鱼苗基本上不生病，不用打药。

4. 供应链管理

供应链管理就是指在满足一定的客户服务水平的条件下，为了使整个供应链系统成本达到最小而把供应商、制造商、仓库、配送中心和渠道商等有效地组织在一起来进行的产品制造、转运、分销及销售的管理方法。供应链管理包括计划、采购、制造、配送、退货五大基本内容。

供应链管理中的关键问题包括：配送网络的重构；配送战略问题；供应链集成与战略伙伴；库存控制问题；产品设计；信息技术和决策支持系统；顾客价值的衡量。供应链管理的步骤包括：第一步就是企业资源管理（ERP）。ERP 就是由很多循环构成的，比如：订单管理、生产派工、库存管理、采购管理等，这些循环结合起来就是一个好的 ERP 系统；第二步是数据同步采集与实时分析，即 B2B、EAI、EIP 等。通过 B2B 的方式，把所有的数据采集回来，有了数据之后，才能去评估供应链到底做得好不好；第三步开始做所谓的接单，即电子订单系统。其实国内的很多企业都在使用这个系统，有些是自己的分公司在使用，有些是给经销商使用的。通过这个系统可以降低库存；第四步就是所谓的供应链规划。第五部分就是所谓的电子采购系统 SRM，包括采购订单的管理；最后一步就是 VMI 库存管理。由此构成了全方位供应链管理。

📚 案例分享①

美国德州仪器公司（TI）成立于 1930 年，是一家全球性的半导体公司，提供创新的 DSP 和模拟技术，以满足客户在现实世界中信号处理的需要。除了半导体之外，公司的业务还包括传感器和控制器以及教育产品。德州仪器公司总部设在美国得克萨斯州的达拉斯，在全球超过 25 个国家设有制造、研发或销售机构，全球雇员约 34 500 多人，在 2003 年德州仪器的销售收入达 98.3 亿美元。

20 世纪 90 年代以来，由于科学技术的进步和生产力的发展，经济日益市场化、自由化和全球化趋势，使得企业之间的竞争变得越发激烈，各个企业面临缩短交货期、提高产品质量、降低成本和改进服务的压力。德州仪器作为一家历史超过 50 年，并且在世界主要大陆拥有制造和销售中心的制造

---

① 资料来源：http://wiki.mbalib.com/wiki/%E4%BE%9B%E5%BA%94%E9%93%BE%E7%AE%A1%E7%90%86。

型企业来说，如何协调遍布世界各地的工厂的采购、生产和销售，使他们能够整合在一个架构之下，就可以像人体的各个部分一样即时协调工作，这是首先要解决的问题。

德州仪器根据调查分析，在半导体工业中，全球化是获得市场竞争力，提高市场份额和获得商业回报的必然趋势。然而，对分布在不同国家的生产制造部门的供应链进行有效的管理却很难做到，这就使得管理者在开拓全球市场的同时要面对许多问题。同时，半导体行业的特点是制造流程复杂，供应链长，而公司正在从商品驱动性很强的业务向客户定义型业务转变以适应社会的发展，但是公司现有的供应链系统已经不能够很好的支持这种转变，必须对供应链系统进行改革，使公司能够在世界范围内将他的运营实现最优化，使得生产部门能够提高对客户的响应时间，同时缩短产品到达客户的时间，降低产品的生产周期和减少库存。

通过仔细的选择和分析，德州仪器最终选择了美商智佳科技公司（i2 TechnologiesInc. 以下简称 i2）作为他们的合作伙伴，因为 i2 所提供的解决方案与德州仪器想要达到的目标基本一致。德州仪器公司利用 i2 解决方案开展了新的供应链管理计划来优化全球的业务，这其中包括了：

（1）采购管理：包括支持多种货币、运输成本管理以及向多个供应商采购的多个订单、计算、进行供应商业绩分析等功能。

（2）运输管理：包括交通工具租赁成本管理、运输路线及交付状态跟踪等功能。

（3）仓库/配送中心管理：包括计算机辅助商品货位查找及分配、商品的质量检验、仓库间商品调拨/配送等功能。

（4）库存控制：支持多种成本计算方法；质量管理功能可根据销售额和利润自动进行 ABC 分类，支持商品的批次和保质期管理等。

（5）直接交付：指根据客户的要求从供应商订货，并且供应商直接将货交付顾客的过程。一个直接交付订单可以包括多个来自不同供应商的商品，可以将一个直接交付订单分成多个送货单、多种订单状态。

（6）需求分析预测与自动补货：能够为缺货的商品自动地产生配送调拨单或采购单，实现商品的自动补货。

（7）财务系统：包括应收账款、应付账款、总账、现金管理和固定资产管理等功能模块。

（8）供应商关系管理等。

供应链成功改革后，使德州仪器的晶片加工、成组测试部门以及产品配送中心可以协调工作，即使是分布在不同的地区，也可以像在一家工厂一样。这就是我们常听到的虚拟工厂的概念。

同时，也缩短了产品规划周期和客户订货交付时间。现在德州仪器公司利用以天为单位的系统代替了他们之前以周为单位的系统，进而转向连续规划系统，这使公司能够基于对企业在全球范围运营的认识，为所有下属公司根据销售计划制定工厂的开工计划。并且对一些个性化市场的客户需求做出最迅速的反应。同时，由于缩短了生产周期和简化了生产流程，德州仪器公司降低了成本，这在经济不景气的时期是最大的收获，找到了点"时"成金的方法。

采用i2的解决方案，使德州仪器公司降低了库存量，并提高了对于市场预测的准确度，公司的规划人员现在可以通过分析数据来做出生产计划，而不是围着数据转，更好地集成了公司的物流和市场推广部门。i2的解决方案还使德州仪器公司可以全面地了解其全球供应链的情况，真正将所有的生产分布统一到一个管理架构之下。供应链规划方案为公司的规划流程增加了制约管理，使公司能够发现问题，并迅速采取措施解决问题。

采用新的供应链管理系统后，德州仪器公司进一步增强了其产品在国际上的竞争力，提高市场占有率，从而改善股东权益。"在我看来，我们能在实施i2解决方案后的第一年轻松收回2 400万美元的投资"，美国德州仪器公司供应链规划总监莎丽·坦普尔对i2方案如此评价。据有关资料，2002年德州仪器的销售收入为84亿美元，到2003年，公司收入增长到98.3亿美元，增长率达17%。2003年公司收益为12亿美元，而2002财年还亏损3.44亿美元。

5. 销售管理

销售管理属于营销管理中的一个模块，也是企业管理的重要组成部分，是为了实现各种组织目标，创造、建立和保持与目标市场之间的有益交换和联系而进行的分析、计划、执行、监督和控制。通过计划、执行、监督及控制企业的销售活动，以达到企业的销售目标。销售部门连接企业与市场，主要职能是为客户提供产品及服务，实现资金回笼并获取利润，是企业生存和发展的动力源泉。

销售管理工作内容主要包括：管理销售合同、协议和商业后勤，确保对外基本销售文件的标准化；记录账目并管理重要的销售文件，避免销售信息的遗漏；负责订单以及各类报表的制作和管理，根据销售订单处理流程，核对、接收订单；销售人员考勤统计及薪资结算。

案例分享①

一提起"雀巢"，许多人马上就会想起雀巢咖啡，因为国内大众对"雀巢"的认识，也许大都是从雀巢咖啡那句家喻户晓的广告词"味道好极了"开始的。其实，雀巢公司的经营范围很广泛，按其营业额分配为：饮品（23.6%），麦片、牛奶和营养品（20%），巧克力和糖果（16%），烹饪制品（12.7%），冷冻食品和冰淇淋（10.1%），冷藏食品（8.9%），宠物食品（4.5%），药品和化妆品（3%），其他制品和事业（1.1%）。雀巢公司的300多种产品在遍及61个国家的421个工厂中生产。

很多业内人士都熟悉雀巢公司的一个经典掌故，那就是在雀巢咖啡诞生之初，曾因为过分强调其工艺上的突破带来的便利性（速溶）而一度使销售产生危机。原因在于，许多家庭主妇不愿意接受这种让人觉得自己因为"偷懒"而使用的产品。

1990年雀巢公司的营业额为460亿瑞士法郎，而在1997年，头10个月的营业额已高达569亿瑞士法郎，比上年同期增长217.5%。1994年底雀巢被美国《金融世界》杂志评选为全球第三大价值最高的品牌，价值高达115.49亿美元，仅次于可口可乐和万宝路。雀巢公司被誉为当今世界在消费性包装食品和饮料行业最为成功的经营者之一。为了正确贯彻新的方针告知分公司如何实施，雀巢公司提出了三个重要的文件。内容涉及公司战略和品牌的营销战略及产品呈现的细节。

（1）标签标准化（Labelling Standards）：这只是一个指导性文件，它对标签设计组成的各种元素作出了明确的规定。如雀巢咖啡的标识、字体和所

---

① 资料来源：http：//www.gkstk.com/article/wk-78500000837858.html。

使用的颜色以及各个细节相互间的比例关系。这个文件还列出了各种不同产品的标签图例，建议各分公司尽可能早的使用这些标签。

（2）包装设计手册（Package Design Manual）：这是一个更为灵活使用的文件，它提出了使用标准的各种不同方式。例如，包装使用的材料及包装的形式。

（3）最重要的文件是品牌化战略（Branding Strategy）：它包括了雀巢产品的营销原则、背景和战略品牌的主要特性的一些细节。这些主要特性包括：品牌个性、期望形象、与品牌联系的公司、其他两个文件涉及的视觉特征以及品牌使用的开发等。

当前的经济形势，对企业提出了更高的要求，要想在激烈的市场竞争中立于不败之地，不仅要有适销对路的产品，更重要的是要有正确的经营思想指导。雀巢公司的领导层认识到，经济全球化已使企业营销活动和组织机制由过去的"大块"结构变成了"模块"结构的事实，从而将其工作重点转向组合模块，实施模块组合营销。在雀巢公司的模块组合战略中，各分公司就是作为一个模块，独立运作于所在的市场，有权采取独特的策略，但又接受公司总部的协调。

雀巢的成功是多种因素共同作用的结果，但其中模块组合营销战略的实施是一个重要因素。公司设在瑞士日内瓦湖畔的小都市贝贝（VEVEY）总部对生产工艺、品牌、质量控制及主要原材料做出了严格的规定。而行政权基本属于各国公司的主管，他们有权根据各国的要求，决定每种产品的最终形式。这意味着公司既要保持全面分散经营的方针，又要追求更大的一致性，为了达到这样的双重目的，必然要求保持一种微妙的平衡。这是国际性经营和当地国家经营之间的平衡，也是国际传播和当地国家传播之间的平衡。如果没有按照统一基本方针、统一目标执行，没有考虑与之相关的所有因素，那么这种平衡将很容易受到破坏。

6. 人才管理

人才管理是指对影响人才发挥作用的内在因素和外在因素进行计划、组织、协调和控制的一系列活动。人才管理的工作核心是保障适合的人，在适合的时间，从事适合的事，从而保障公司战略实施过程中的连续的人才供应。而对于"走出去"的农企来说，不仅要做好投资项目本身的人才管理工作，同时也要维护好上游农户和下游客户的关系。

案例分享

广西福沃得农业技术国际合作有限公司成立于 2009 年 10 月，通过技术和资金的投入与东盟国家进行农业项目合作，目前以自有 750 公顷综合开发基地为依托、以承担中国援助柬埔寨的援助项目"中柬农业促进中心"和承担中国农业部"中柬优质蔬菜水果示范基地"以及承担广西壮族自治区政府项目"中国（广西）-东盟农作物优良品种试验站"为发展平台，引进优良种苗及先进技术，在柬埔寨示范推广，与当地农业协会合作，以（公司＋基地＋协会＋农户）的经营模式，发展水稻、蔬菜、木薯等粮食作物以及能源作物为主的农业产业化种植，在构建国际区域粮食安全战略规划的同时带动当地人民提高农业生产技术水平。

福沃得（柬埔寨）有限公司，成立于 2008 年 5 月，公司在柬主要从事以原料型、资源型大宗农产品为主，柬埔寨农产品、农副产品为辅的进出口贸易业务，拥有福奈思、吴哥桑夏、歌珊、戈森等农产品品牌，主要贸易商品有广西福沃得公司在柬埔寨各子公司种植基地的稻谷、大米、木薯干片以及柬埔寨玉米、黑胡椒、热带水果等农产品及农副产品。福沃得（柬埔寨）农业发展有限公司，成立于 2010 年 3 月，公司拥有 10 000 亩农业综合种植基地，其中规划水稻种植基地 2 000 亩，蔬菜种植基地 1 000 亩，热带水果种植基地 2 000 亩，木薯种植基地 5 000 亩，公司基地作为中国政府援柬农业项目"中-柬农业促进中心"的配套基地，承担着粮食作物水稻、经济作物木薯、果蔬园艺作物的规模化种植、示范和技术培训、推广的重要任务，项目于 2012 年 11 月开始建设，2014 年 11 月完工，竣工投产后预计年总产值达 8 800 万元人民币左右，资产总额 8 000 万元人民币。

福沃得在柬埔寨的经营过程中，特别注意维护与柬埔寨的关系，为公司开展业务奠定了坚实的基础。2009 年，柬埔寨受全球金融危机影响，木薯严重滞销，烂地约 2 万公顷。福沃得公司得知这一情况后，迅速联合 UNDP（联合国开发计划署）驻柬机构、柬商务部、柬地方农业协会代表团访问广西，为柬木薯出口广西引线搭桥，及时降低了柬方损失。为此，柬埔寨商务部副国务秘书温索提代表柬商务部向福沃得公司执行董事兰晖焰赠送礼物，以感谢福沃得公司为推动柬埔寨木薯进入中国市场所做出的努力，从此也打开了福沃得公司与柬埔寨官方以及人民往来的友好之门。

2010年，柬埔寨西部的菩萨、马德望等省份的橙子树出现严重病虫灾害，柬埔寨官方也束手无策。而当时正在柬埔寨考察的广西福沃得农业技术国际合作有限公司董事长罗雯文得知这一情况后，建议柬埔寨官方向中国农业部门求助。很快，柬埔寨商务部一位副部长接见了罗雯文并委托其转交求救信给广西农业厅。广西农业厅接到罗雯文转交的求救信，请示广西壮族自治区政府同意之后，便立刻组织以时任广西农业厅总农艺师白先进为首的专家队伍前往柬埔寨进行技术防治援助，很快橙子树的虫害得到了有效遏制。2011年，柬埔寨发生了蔬菜农药残留致人死伤事件。在该事件发生后，福沃得受柬埔寨农林渔业部之请，在广西农业厅的支持下，进行技术培训及设备援助，提供蔬菜农药残留快速检测仪对进口蔬菜进行检查，防止了事态继续恶化。此外，福沃得公司长期坚持向柬埔寨提供关于农业的公益性培训，也受到柬埔寨官方以及人民的欢迎与支持。正是由于福沃得公司长期与柬埔寨政府以及人民保持着友好关系，不仅替福沃得赢得了来自柬埔寨的友谊，也为福沃得筑起了一座走进柬埔寨的桥梁。

可见，要保证投资项目的长期健康发展，不仅需要做好项目本身人才管理，更要与东道国乃至本地居民保持良好的关系。

7. 项目综合管理

项目综合管理是为保证项目各组成部分恰当协调而必须进行的过程。项目综合管理就是在各个相互冲突的目标与方案之间权衡取舍，以达到或超过项目干系人的要求与期望。项目经理对项目综合管理负责。

项目综合管理的流程包括：制定项目章程：正式批准项目或项目阶段；制定项目初步范围说明书：概括地说明项目的范围；制定项目管理计划：将确定、编写、协调与组合所有部分计划所需要的行动形成文件，使其成为项目管理计划；指导与管理项目执行：完成项目管理计划确定的工作，达到项目范围说明书确定的项目要求；监控项目工作：监控项目的启动、规划、执行和结束过程，实现项目管理计划中确定的实施目标；整体变更控制：审查所有的变更请求，批准变更并控制可交付成果和组织过程资产；项目收尾：最终完成所有项目管理过程组的活动，正式结束项目或项目阶段。

案例分享①

中国在新西兰最大林地投资项目——CNIFP（北岛中部林业合作）由中信公司与新西兰雄狮林业公司于 1996 年合资组建，项目占地面积 16.2 万公顷，通过 12 家银行融资。由于项目由双方合资管理，责任分配不明，导致经营失败，2001 年 2 月该项目由银行财团指定的清盘官接管。据《新西兰先驱报》2003 年 11 月 29 日报道，经过 13 个月的酝酿和谈判，最终由银行财团指定的清盘官卖给与美国 Campbell 集团有密切关系的哈佛大学基金管理人，但没有公布拍卖价格，银行方面估计为 8.2 亿新元（约合 5 亿美元）。新西兰海外投资委员会已批准该项目。

另外，中国民营企业广东南海华光林业于 2002 年在新西兰吉斯本市投资的林地项目由于管理经营不善，加上新元升值，出口价格疲软等因素，出现资不抵债，最终也由银团指定的清盘官公开拍卖。该项目号称是吉斯本市最大的林地，面积达 3.3 万公顷。

有效的项目运行管理是保证投资项目正常运行的必要条件，运行管理不善，不仅关乎企业的盈利与否，还关乎整个投资项目的成败。

---

① 资料来源：中国驻新西兰大使馆经济参赞处，网址：http://nz.mofcom.gov.cn/aarticle/jmxw/200311/20031100154169.html。

第三章　中粮集团：农业项目的股权投资

对赌协议（Valuation Adjustment Mechanism，VAM），就是收购方（包括投资方）与出让方（包括融资方）在达成并购（或者融资）协议时，对于未来不确定的情况进行一种约定；如果约定的条件出现，投资方可以行使一种权利；如果约定的条件不出现，融资方则行使一种权利。最初被翻译为"对赌协议"，但其直译意思是"估值调整机制"却更能体现其本质含义，实际上就是期权的一种形式。中粮在海外农业投资过程中采取的对赌协议方式，其实和赌博无关，实际上就是期权的一种形式。通过条款的设计，对赌协议可以有效保护投资人利益。

一、公司概况

（一）中粮集团

中粮集团有限公司（COFCO）成立于1949年，是中国乃至全球领先的农产品、食品领域多元化产品和服务供应商，1.5亿吨的年经营量位居全球行业领先，总资产排名全球行业第一、总营业收入排名全球行业第三。

中粮集团的谷物、油料、作物技术和生物能源等业务覆盖全球，贸易、仓储与转运能力在亚洲、南美洲和黑海地区均处于领先地位。中粮集团在世界各地拥有仓储物流设施，在巴西最大的出口港——桑托斯港，中粮集团拥有运转终端；在阿根廷的主要大豆出口区罗萨里奥周边地区，中粮集团设有大豆中转压榨设施；中粮集团在黑海地区的仓储能力接近20万吨；在澳大利亚，中粮集团正在建设具有100万吨年转运能力的粮食出口码头。目前，中粮拥有全球仓储能力3 100万吨，年加工能力8 950万吨，港口中转能力5 400万吨，业务涉及140多个国家。在全球最大的粮食产地南美、黑海等国家及地区和拥有全球最大粮食需求增量的亚洲新兴市场间建立起稳定的粮食走廊，以及一条贯穿中国南北的粮食流通大走廊——中国人赖以生存的主食稻谷、小麦、玉米，十分之一以上经由这条走廊，源源不断地从北方为主的产区运往南方为主的销区。中国的粮食走廊由四条运输通道组成，分别位于中国东北地区、长江中下游地区、西南地区和京津地区。此外，还另有两条粮食运输渠道，一条使用铁路水路联运的方式进行运输，另一条使用铁路对进口散装粮食进行运输。北良港是位于中国东北地区的粮食进出口港口，同时也是中国粮食南北输送的枢纽。

作为投资控股企业，中粮旗下拥有 11 家上市公司，其中包括中国食品、中粮控股、蒙牛乳业、中粮包装、大悦城地产、中粮肉食、福田实业等七家香港上市公司，以及中粮屯河、酒鬼酒、中粮地产、中粮生化四家内地公司。因此，中粮集团的经营领域不仅仅涵盖农产品收储物流、粮油食品贸易、农产品加工、饲料加工、屠宰及肉类加工、品牌食品等传统大农业范畴，还包括产品包装、电子商务、商业地产、旅游地产、酒店与金融服务等新兴服务业领域。

（二）尼德拉公司

尼德拉是全球农业市场产品服务和解决方案的提供者。公司成立于1920 年，注册地在荷兰的鹿特丹。公司最早在荷兰开展业务，1929 年开始进军阿根廷，20 世纪 60 年代将其业务从地域上扩张到南美、亚洲、非洲以及中东地区；70 年代公司在原有的谷物和油籽贸易上进行业务拓展，实现多样化经营；到 90 年代尼德拉进一步扩张了农产品贸易的网络区域，将新加坡、美国、法国、西班牙、英国、中国和印度纳入公司版图中，同时通过对在阿根廷投资新的农产品加工和物流设施实现新增价值，最后向农业技术领域进军，实现多样化经营，在阿根廷开展农业技术活动；加入 21 世纪以来，尼德拉从农业技术和农产品贸易两个角度切入巴西业务，在版图上进一步纳入意大利、澳大利亚以及东欧地区。在这一阶段，尼德拉为获取在全球农业贸易与服务提供领域的优势地位，公司发起了中期成长计划，目前已完成成长计划中的第一阶段计划。

尼德拉公司沿着整个价值链提供相关的农产品和服务，从农民到消费者。公司从事广泛的农产品类别贸易，并且为这些农产品提供物流服务。同时，尼德拉公司还从事农业研发、育种和开发、农业制种和分销以及在全球范围内进行营养食品和内部制定的农作物保护产品的资源获取和分销。尼德拉的主要业务有谷物和油籽的国际贸易及加工，谷物仓储、内陆物流和装卸，出口物流服务于全球海洋运输、种业研发与制种、农业技术分销以及生物燃油贸易等七大方面。

目前，尼德拉公司在全球包括荷兰在内的 19 个国家进口或出口农产品，并且在全球超过 60 个国家内分销产品。通过强化公司在整个农业价值链上的现有地位，公司建立起农产品生产者和消费者之间的有效联系的平台。公司战略基于农产品的生产、加工和物流资产的优势，支撑尼德拉在全球资源获取和高效的分销能力上的领先地位。

二、收购背景

（一）中粮集团的全球化战略

随着全球农业市场的逐步开放，全球贸易粮食的 80％控制在 ABCD 四大粮商手中，即美国 ADM、美国邦吉、美国嘉吉和法国路易达孚。就中国来说，四大粮商已经渗透到中国农业生产和流通的各个环节。

美国 ADM 公司和新加坡 WILMAR 集团于 2001 年共同投资组建的益海（中国）集团，该集团在国内直接控股的工厂和贸易公司已达 38 家，另外还参股鲁花等多家国内著名粮油加工企业，工厂遍布河北、山东、江苏、福建、广东、广西等沿海各主要省份及四川、湖北、湖南、新疆、宁夏、黑龙江等内陆地区，贸易公司及办事处已覆盖除西藏和港、澳、台地区外的全国各省。益海（中国）集团油籽年压榨量达 1 000 万吨，油脂年精炼能力 300 万吨，分提能力达 100 万吨，出口豆粕占全国年出口总量的 70％以上，同时还进军小麦、稻谷、棉籽、芝麻、大豆浓缩蛋白等粮油精深加工项目，投资控股和参股铁路物流、收储基地、船务、船代等辅助公司，向着多品种经营和多元化发展。

嘉吉在中国建有 27 个独资和合资公司，在中国大部分省市建有饲料厂、榨油厂、高糖果厂等各类加工厂，并已在布局中国的化肥市场。嘉吉在华已经建立了全资的山东嘉吉化肥有限公司以及合资的云南三环中化嘉吉化肥有限公司等。除了种植领域外，嘉吉在华的链条基本搭建完成。

邦吉进入中国市场较晚，在全世界 32 个国家拥有 450 多个工厂，在四大粮商中，以注重从农场到终端的产业链完整性而著名。

路易达孚早在 20 世纪 60 年代就与中国有饲料和谷物贸易。从 2006 年开始，路易达孚（北京）有限公司从中国政府手中获得玉米国内贸易的许可证后，积极拓展国内市场。

面对四大粮商依托在全球资源与网络在中国市场进行积极布局，毫无疑问外资对中国粮食贸易的控制将不可避免会引起对未来国家级粮食安全的担心，同时作为国内最大的粮商中粮集团也感受到来自外商企业的压力，从自身的战略出发，中粮集团开始利用在国内的资源积极谋求海外布局，实现走出去，在全球获取优势的农业资源。

同时，基于对国内市场的未来农产品供求关系的判断，中粮认为国内主要农产品，比如大豆、糖、肉、牛奶甚至玉米等在未来十年内将会出现较大的供给缺口，为保障国内市场的粮食安全，作为承担社会责任的央企必须提前进行全球布局，通过收购国际知名的大粮商来迅速实现自己的全球化目标。

（二）尼德拉的中期成长计划

自成立于 1920 年以来，尼德拉在九十多年的发展中不断地扩张，成长为荷兰最大的粮食贸易商，经营领域在地域上不断向全球的主要粮食产地和主要目的地发展，在行业上不断向全产业链进军，由农产品贸易向物流、研发等高附加值农业部门渗透。但是与四大粮商相比，尼德拉还有一定的差距，为进一步获得未来的成长机会，尼德拉需要进一步拓展其全球业务，增加其核心资产。

基于对全球人口增长和城市化水平的判断，尼德拉公司认为未来全球粮食交易将会持续增长，继而带来粮食贸易相关的物流服务需求的增长，同时农业技术将会是促进粮食产量增长的最重要的手段。为满足未来对粮食需求增长以及未来粮食生产、贸易与消费格局的变化，尼德拉公司拟定了中期成长计划。为实现 SWAN 成长计划，尼德拉需要对计划中的投资进行融资，在短期公司需要筹集 2.5 亿美元，中长期内公司需要筹集 5 亿美元来支持公司业务的扩展。由于公司原有股东无法继续提供资金，公司决定通过邀请第三方的公司来认购尼德拉的新股，希望通过新股发行的资金来加强公司战略业务的发展，并与合作伙伴发挥协同效应，改善信息获取和商业人才获取的渠道，尤其是最为关注的亚洲市场，最终提高公司的经营效率以及商业规模。

中粮集团希望通过收购成熟的粮商来建立起自己的全球业务，打造中国乃至世界的大粮商，而尼德拉则需要外部资金的支持来获得未来进一步发展的机会。正是基于这一背景，中粮集团开始与尼德拉公司进行接触。

三、收购过程

（一）确定收购目标

中粮集团基于国内市场前景的判断和外来竞争对手的压力，开始寻找对外合作的伙伴，最初的设想是通过收购小公司来逐步实现全球化的目标，但这一进程比较缓慢，难以在迅速变化的世界环境中获取优势的竞争地位。为此，中粮集团开始与一些全球知名的粮商进行接触，其中不乏 ABCD 中的全球大粮商。但是由于出价以及政治的敏感性，最后这些接触都不了了之。中粮集团作为收购的主动方，希望通过收购实现以下主要目标：首先是通过收购具有良好全球经营经验和资产的有一定规模的粮商，来获取通向全球市场的通道，获得全球优势农业资源和市场资源；其次，获得多样化经营的机会，实现农业全产业链的覆盖，争取产业链高端的突破；第三，获取对方的现有资源，包括农业资源、物流网络等，突破进入资源国的政治壁垒；最后，获得对方的技术，实现短期内在农业要素投入中的领导地位，比如种业研发与制种能力等（表 3-1）。

表 3-1 中粮收购的 SWOT 分析表

优势 - S	劣势 - W
1. 雄厚的资金实力	1. 产品同质化严重，缺乏明显的竞争优势
2. 强大、敬业的管理团队	2. 国内市场开发不够
3. 庞大的国内市场上的领导地位	3. 缺乏全球性资产以及国际化经营的经验
	4. 研发能力不足
机会 - O	威胁 - T
1. 国内市场潜力	1. 海外政治壁垒
2. 农产品大周期，粮商效益下滑	2. 主要粮商在国内市场的渗透
3. 农业全球化趋势	3. 收购对象的文化差异

为了实现中粮的收购目标，在具体收购对象的选择上着重考虑以下几点：第一，公司应具有一定的规模，在农业全球产业链上具有一定的优势；第二，目标公司在产品与优势构成上应该与中粮集团具有一定的互补性，通过收购能够建立起中粮集团在全球的经营网络，实现全产业链的覆盖；第三，收购对象应具有完善的销售网络、渠道、物流体系等，具有相对丰富的农业资源；第四，收购对象应具有某些特定的优势，比如农业技术、粮食贸易的关键节点，如港口、码头等；第五，收购对象具有一定的成长性，缺乏足够的资金进行进一步的扩张（表3－2）。

表3－2　中粮收购的 SWOT 分析结果

	优势－S	劣势－W
机会－O	发挥优势，抓住机会 1. 乘着国际粮食价格下行周期，粮食普遍效益下滑的机会，利用雄厚的资金实力进行海外收购 2. 利用强大、敬业的管理团队尽快使被收购对象达到协同效应，增强在全球领域内的地位	利用机会，克服劣势 1. 利用收购的机会，实现产品的多样化，增强竞争优势 2. 利用收购对象的技术优势实现研发能力突破 3. 利用收购对象的全球知识增强对全球市场的了解
威胁－T	利用优势，抵消威胁 1. 进一步利用国内市场的渠道、品牌优势，充分挖掘国内市场潜力，提高国内市场的占有率，抵消国际粮商在国内市场的威胁 2. 利用收购现有成熟企业快速切入存在政治壁垒的区域，获取优势农业资源	克服劣势，回避威胁 1. 提高产品的多样化，实现全产业链覆盖，避免短板 2. 利用海外子公司实施本土化经营，降低文化差异的风险

基于以上考量，中粮集团先后与多家国际粮商进行沟通，ABCD 也在考虑之中，但是经过多次甄选与接洽之后，选择了尼德拉集团。尼德拉公司是一家在 20 世纪 20 年代建立起来的粮食贸易公司，最初经营范围仅局限于荷兰国内的粮食贸易，经过 90 多年的发展，尼德拉逐步成长为一个在拉美、东欧、黑海地区以及亚洲地区具有较大影响力的粮商，不仅从事粮食贸易，同时还提供物流服务，在育种制种以及营养食品等方面的技术上具有一定的优势。基于尼德拉公司对未来人口增长趋势以及新兴经济体城市化水平的提高，认为粮食贸易的水平会持续提高，因此希望通过引入外来资本实现公司在未来的进一步发展。

在中粮集团选定尼德拉作为收购目标后，经过尽职调查和管理层初步接触达成初步意向，中粮集团开始进行实质性的收购准备。由于尼德拉在全球粮商中不具有举足轻重的地位，收购过程中政治壁垒较小，中粮集团的央企身份没有为收购带来太大麻烦。双方对于收购的谈判过程较为顺利，主要障碍来自于收购价格。

（二）对赌协议签署

中粮集团之所以选择尼德拉公司作为收购的标的公司，除了上述的考量之外，还看中了尼德拉公司在未来的发展空间和盈利能力，但收购谈判期内正处于农产品大周期的低端，中粮集团无法确定尼德拉在未来的高成长性是否会持续，为解决这一问题，中粮集团需要对尼德拉公司的未来价值做出合理的评估。一般来说，对于企业价值的判断有成本法、市场比较法、现金流折现法和实物期权法。在并购过程中，这几种方法会同时采用，以确定合理的企业价值估值。

成本法是从被收购企业的所有资产要素来估算企业的价值，包括账面价值、市场价值和清算价值；市场比较法是以相关的企业为参考进行比较分析后来确定企业的价值；现金流折现法是将企业未来的预期收益进行贴现后得到的数值作为企业价值的衡量，这种方法的关键是将企业未来的成长能力作为当前企业价值判断的依据；实物期权价值法则是由未来现金流的贴现值和期权的价值构成。考虑到尼德拉公司的未来成长性，在收购价格的确定上更多考虑企业的未来收益，在此基础上利用市场比较法、成本法等其他方法加以调整。也就是说，双方谈判的结果是收购价格将以尼德拉在过去的经营业绩的基础上判断的未来收益为基础，同时将尼德拉在未来的盈利能力作为公司未来价值判断的依据。这样的做法避免了中粮集团支付过高的收购价格，也照顾到了尼德拉公司未来收益的增加在收购价格上得到体现，保障尼德拉股东的利益。相对准确的判断尼德拉公司的价值也是中粮集团与尼德拉签署对赌协议的前提。

（三）对赌协议的内容

协议签署前的调查和谈判。对于中粮集团而言，以合适的价格成功收购尼德拉是此次收购活动的终极目标，一方面获得尼德拉公司在全球几十年经营的网络体系，同时还有相对领先的农业技术，另一方面尽可能地降低收购成本，减少收购的风险。但是，对于尼德拉公司来说他在全球经营的网络与系统及经验难以用现金的方式进行客观的价值评估。对于尼德拉的原有股东来说夸大自己的未来经营业绩，获得一个不错的价格是其首选目标。在这种情况下，中粮集团基于自己对尼德拉公司以及农产品大周期的了解，认为尼德拉未来的业绩被夸大了，换句话说尼德拉的要价不值，出于对自身利益的考虑，为降低收购风险，中粮集团与尼德拉达成对赌协议，并就对赌协议的条款以及执行达成一致的结果。

中粮集团聘请永安公司对尼德拉公司进行估值审计，在此基础上结合尽职调查的结果，了解了尼德拉的详细情况，给出了基于现金流折现的尼德拉价值估值，但是尼德拉公司认为此估值并不能反映公司在未来的发展前景，尼德拉公司认为未来公司的收益要远大于中粮集团的估值。对于尼德拉收购后的公司的组织构架的安排、治理结构调整等相关事宜进行谈判确认，双方达成一致的基础上对未来业绩以及收购的价格和方式作为对赌协议的内容。

对赌谈判。双方对于估值问题存在分歧，中粮集团为控制风险，降低收购成本同时考虑到尼德拉老股东的利益，为尽快完成收购完成全球农业产业链的布局，作出让步。中粮集团提出可以按照尼德拉的报价来支付首笔收购资金以获得尼德拉公司51%的股份，但是要求尼德拉公司在2014年、2015年、2016年完成其自己设定的盈利目标，若尼德拉无法实现这一目标，则按减少部分给予中粮集团股份返还，尼德拉同意这一对赌安排，双方就此签署对赌协议，对赌期为2014年、2015年和2016年三年时间。中粮集团首笔资金12.9亿美元获得尼德拉51%的控股权，同时双方宣布这一收购结果，中粮集团正式入主尼德拉公司。

执行过程。在对赌协议履行过程中，双方按照约定时间节点进行业绩披露，同时接受中粮集团的审计。若无重大变化，双方将按照原计划执行对赌协议。在随后的三年内，由于尼德拉原有高层管理团队缺乏足够的进取心以及粮食价格的下降，导致尼德拉在随后的三年内业绩比最初中粮集团估计的结果还要差，在2016年甚至出现亏损。根据对赌协议，尼德拉公司给予中粮集团15.5%股份返还，至此，中粮集团共持有65.5%的尼德拉股份。根据双方谈判协议，中粮集团可优先收购尼德拉剩下的股份，2016 年 8 月 23 日，中粮集团和尼德拉公司宣布中粮集团取得尼德拉剩下 34.5％ 的股份，这一部分股份中粮总共支出 3.7 亿美元，尼德拉公司正式成为中粮集团全资子公司。

四、案例启示

"对赌"是跨国并购或收购过程中普遍采用的企业价值估值调整方法。在早些年的时候，中国企业由于缺乏成长或扩张的资金，有些企业会向海外的投资机构通过签订对赌协议的方式获得资金。由于对规则不够了解，缺乏相关的操作经验，对赌协议使得很多具有较好前景的企业失去控制权，成功者少，失败者居多。此次中粮集团通过对赌的形式成功收购尼德拉集团并获得相应的战略资源给我国农业企业对外投资提供了良好的借鉴。

第一，选择合适的收购对象是通过并购快速获取市场地位与全球优势资源的最佳途径。尽管中粮集团在国内是首屈一指的粮商，但放眼全球中粮的地位仍然较弱。伴随国内居民收入快速增长以及城市化水平的不断提高，对进口粮食的需求日益增长，作为国内最大的国有粮商有义务去获取进口粮食的来源，同时也为企业全球业务的发展和扩张提供了良好的机遇。正是在这一背景下，中粮集团开始在全球范围内与知名粮商进行接洽，寻求收购对象。在综合考察下，结合收购标的全球经营状况与自身的目标，中粮集团最终选择了尼德拉公司。双方利益的一致性和资源的互补性既是收购成功的原因也是收购后快速实现并购协同效应的原因。

第二，对赌协议的业绩设置应合理，避免风险。对赌协议本身存在着风险，在国内企业通过对赌协议来获取投资资金时就存在很多的失败案例，比如永乐电器的陈晓就是因为摩根士丹利对赌失败而丧失永乐电器的控制权。若对赌业绩设定过高，从并购方来看，过高的业绩在一定程度上激励着目标公司管理层，有可能获得更高收益；但从被并购方的角度来看，过高的业绩压力往往容易造成道德风险，管理层可能认为反正达不到，从而导致业绩大幅滑坡的情况，双方利益都会遭受损失。所以在设置业绩承诺的时候要结合目标公司自身的实际情况，设置适当的业绩标准，以实现双赢为目标。实际上对赌协议也是期权的一种表现形式，在不同的对赌收购中，对目标公司进行估值需要综合考虑目标企业的各种不确定因素，对赌协议设计一定要非常明确具体，对赌协议支付方式要充分考虑信息不对称给并购双方带来的影响，要素的设计要综合考虑不同目标公司的具体情况，不能一概而论。

第三，为确保并购成功以及合理的价格应做好尽职调查。尽职调查是获取被收购企业信息的重要途径。对赌协议本质上是一种合作关系，双方都希望对赌收购能获得"双赢"的局面，尤其对于实体企业之间的收购，目的是达成合理的收购价格和获取被收购方的优势资源，这比履行对赌条款的所得的收益要大得多。因此，收购主体要做好尽职调查，在尽可能充分的信息条件下设定"对赌"，尽可能减少因信息不对称而产生的收购风险。

第四章　恒天然集团：农业项目的风险管控

一、公司概况

恒天然集团是全球最大的乳制品出口商，占全球乳制品贸易的 1/3，同时恒天然集团也是新西兰最大的贸易公司，奶制品产品 95％对外出口，占新西兰奶制品出口总量的 85％，集团的出口额占新西兰国家出口的 25％。

恒天然集团成立于 2001 年，但追溯其历史可以到 200 年前。1814 年，传教士塞缪尔·马斯登将奶牛引入新西兰，基于新西兰独特的自然条件促进乳业开始稳步发展。1871 年，新西兰成立了第一个合作社性质的奶酪公司，合作社成立的目的是通过抱团的方式来整合资源，扩大规模，抵御市场的周期性风险。随后，其他的奶农也相继成立合作社，到 20 世纪 30 年代新西兰的乳业合作社数量高达 400 家以上。同时，随着这些合作社生产能力的扩张，狭小的新西兰市场难以满足其需求，海外市场逐步成为新西兰奶制品的主要市场。为提高效率，满足国外市场日益增长的需求，新西兰政府在1923 年设立乳品局来协调乳品出口，通过促进新技术的运用，同时不断对乳业合作社进行整合，不断扩大合作社的规模，到 20 世纪 60 年代，合作社的数量由 400 家减少到 168 家。与此相应的，新西兰乳业开始向多元化发展，随着全球市场竞争的加剧，乳业局决定对新西兰的乳业合作社进行进一步的整合以提高效率，1996 年乳业合作社由 168 家减少到 12 家，新西兰乳品局成为世界最大的乳品营销网络。

在不断扩大海外市场占有率的同时，新西兰乳业逐步形成一套面向消费者的营销网络，建立起自己的众多乳业品牌，产品也由奶油奶酪转向奶粉。1996 年新西兰政府将乳品局的资产转移给乳业合作社，这让原本处于出口竞争关系的合作社为了共享原有乳业局建立的全球营销网络与共同利益开始进行合作。到 2000 年底，整个新西兰乳业资产的 95％属于新西兰乳品集团和 Kiwi 合作乳品公司，即使剩下的 5％也只属于两家规模较小的乳品公司。

2000 年，为了应对全球竞争的需要，最终他们决定整合成为一家公司来结束内部的竞争，共同面对全球市场。2001 年 10 月，新西兰乳品局、新西兰乳品集团和 Kiwi 合作乳品公司完成合并，成为恒天然合作集团，恒天然以新公司的身份购买了两家合作社和乳品局的资产，同时新公司由占全国 90％的奶农共同拥有。2007 年恒天然根据管理层的建议在新西兰股票交易所上市，合作社持有 2/3 的股权，奶农持有 15％的股权，剩余约 20％的股份上市流通。图 4-1 显示了恒天然集团的发展历程。

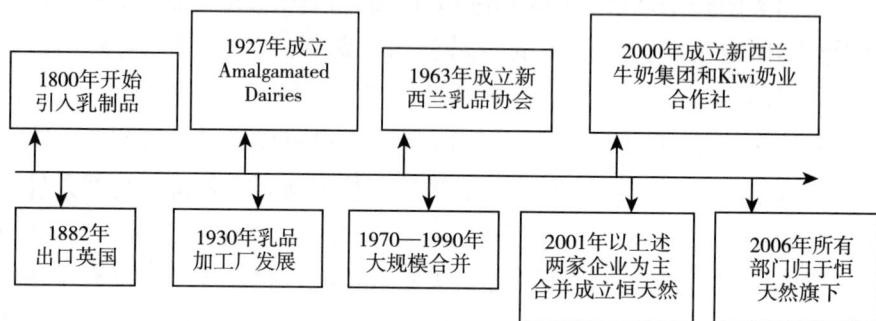

图 4-1　恒天然发展历程

作为新西兰乃至全球最大的乳品企业，在新西兰有近 11 000 家牧场，这些牧场向恒天然每年供应鲜奶 140 亿升。公司拥有 1.6 万名员工年加工牛奶 200 亿升以上，产品销往全球 105 个国家和地区，2015—2016 财年销售额为 131 亿美元，净利润为 6.14 亿美元，受市场周期影响年度净利润波动水平较大，2013—2014 财年的净利润仅为 1.32 亿美元。

目前，在新西兰国内，恒天然的奶源由全国 85％以上的奶牛供应，约 400 万头奶牛。除此之外恒天然在全球其他地区也建立了自己的牧场，实现全球采购、全球加工、全球销售的模式。整合之后的恒天然集团最大的优势是从原料奶的生产到加工再到终端销售网络的完整的供应链体系。得天独厚的气候和人口条件使得新西兰的奶牛养殖完全是散养模式，饲料就是天然牧草，几乎没有任何人为添加的产品，这保证了恒天然奶源高品质的同时也极大地降低了奶牛养殖的成本，使其产品在全球乳品市场具有较强的竞争力。

恒天然有四大业务部门：恒天然全球贸易、恒天然原料乳粉、恒天然消费乳品和恒天然餐饮服务。恒天然贸易与营运部门向亚洲、中东、非洲、美洲和大洋洲销售大宗乳制品，包括乳蛋白、奶粉、黄油、奶酪；恒天然原料乳粉部门向美国、西欧、中国、日本和韩国销售乳品原料，包括特制专业原料，如浓缩乳蛋白（MPC）、牛初乳以及其他用于食品生产的产品；恒天然消费乳品生产并在 40 个国家向消费者出售品牌乳制品；恒天然餐饮服务部门向餐饮业客户提供乳品原料和品牌消费品，这些餐饮业客户包括快餐连锁店、航空公司配餐中心、酒店和餐馆，主要销售地区集中在亚太地区。在四个部门中恒天然都是在向顾客提供奶制品相关产品和服务基础上提供延伸服务，奶制品生产与销售是恒天然的核心业务。

二、恒天然集团的全球化之路

从恒天然早期发展历史来看，在更多时间内是作为一个出口者存在的，主要依托国内优质的奶源进行加工后向全球市场出口乳制品原料，主要面临的客户是全球的终端奶制品的生产企业。随着新西兰乳业的整合，外部市场竞争的加剧，恒天然开始从海外市场采购奶源，建立本土的加工厂，在本土奶源的基础上实现全球采购、全球加工与全球销售，由一个出口者成为真正意义上的全球企业。

（一）基本情况

恒天然集团公司成立之前，新西兰的小规模乳品合作社或公司基本上是以本土奶源为基础进行加工后向全球出口原料奶。恒天然公司成立后，尽管遭到国内奶农的抵制，管理层仍不断向海外扩张，在众多的海外市场建立新的牧场以及加工厂，扩大市场份额。

澳大利亚是恒天然最大的海外奶源来源地，每年生产约 17 亿升牛奶，足以装满 700 个奥运会的游泳池，有大约 1 100 个农户向恒天然提供奶源。除了在澳大利亚与当地的奶农进行合作，收购原料奶的同时，恒天然还在澳大利亚建立加工厂，直接就地将生鲜奶源加工为奶制品销往澳大利亚本地和向海外市场出口。2016 年，恒天然在原有的基础上新建了 Stanhope 工厂，并且扩大了 Wynyard 工厂的生产能力，最终将在澳大利亚的牛奶加工能力扩大了一倍，使得澳大利亚成为最为重要的海外奶源和奶制品加工市场。

在巴西恒天然每年可获得 30 亿升的奶源，在当地加工后直接提供给本地市场。巴西人牛奶需求较大，平均每个巴西人年消费牛奶 166 升，巴西人口高达 2.1 亿，奶制品的潜在市场规模约为 260 亿美元，因此恒天然在巴西的发展潜力较大。巴西对牛奶的需求以液态奶、奶粉以及调制乳为主，但是最近对于奶酪和酸奶的需求增长较大，尤其是意大利干酪的需求增长尤为强劲，圣保罗被认为继纽约之后最大的比萨市场。这对恒天然对巴西市场的布局提出了新的要求，为迎合本土市场结构的变化恒天然必须改变自己的产品结构。

恒天然在南美的智利有着长达 20 多年的深耕，Soprole 是恒天然在智利最早的投资企业，是智利奶制品市场上的领导者，其品牌知名度仅次于可口可乐。2008 年，Soprole 在智利的市场占有率高达 99.4%。基于这一地位，恒天然将 Soprole 公司的配方业务融入到公司的全球网络中，一方面强化 Soprole 的品牌，同时进一步地将智利市场发展成为鲜奶的来源地。

印度尼西亚也是重要的市场之一，恒天然向印度尼西亚提供奶制品已有 35 年以上的历史。随着印度尼西亚高收入人群的增加，对高质量的奶制品需求快速增长，而本土的供给只能满足 1/5 的需求，多年在印度尼西亚的经营使得该地区成为恒天然最关键的市场。公司的 Anlene 品牌在印度尼西亚市场位居第一，位于 Cikarang 的工厂每年生产 4 100 万升牛奶制品，2016 年恒天然在印度尼西亚卖出 1.83 亿瓶产品。目前，恒天然营养产品和口味产品适用于印度尼西亚每个年龄段的消费者。

恒天然在 1975 年开始在马来西亚开展经营业务，恒天然旗下的 Anlene、Anmum 和 Fernleaf 是在马来西亚家喻户晓的品牌，恒天然也是马来西亚食品和饮料制造商的奶制品原料的最主要的供应商。每天在马来西亚会销售 220 万瓶奶制品，为马来西亚超过 2 万个零售商提供牛奶制品，在马来西亚的加工厂向亚洲地区 13 个国家出口奶制品。

斯里兰卡也是恒天然的一个重要市场。恒天然在斯里兰卡经营也超过了 40 年，与当地的奶农进行合作，每天收购斯里兰卡奶农 4 万升牛奶，与当地社区以及其他伙伴的合作带来斯里兰卡奶业社区的繁荣。在斯里兰卡，

2015 年共销售超过 2.4 亿瓶的奶制品，恒天然的产品在斯里兰卡超过 10 万个零售商、药店和食品店进行销售。

以上地区是恒天然最主要的奶制品原料采购地和加工地，也是重要的市场。到目前为止恒天然在全球有 84 个加工厂：其中新西兰 24 个，澳大利亚 10 个，其余的分布于世界各地，特别是在南美，这些加工厂的总加工量为每年 200 亿升。生产的乳品包括：无水奶油、黄油、酥油、中脂奶粉、浓缩乳蛋白、分离乳蛋白、车达干酪和特种干酪、脱脂奶粉、全脂奶粉、浓缩乳清蛋白、乳铁蛋白、乙醇、营养乳粉、乳白蛋白、药用级乳糖和食用级乳糖。新西兰塔拉纳基（Taranaki）的华勒亚（Whareroa）加工厂是全球最大的乳品加工厂，新西兰的有机食品标准符合包括欧盟、美国、日本以及中国在内的世界上所有已知的有机食品标准。

亚太市场是恒天然的最主要的奶源提供地和销售市场，在乳业发达的欧洲和北美市场也有恒天然的足迹。2011 年恒天然与英国第一乳业组建合资公司，在规避欧洲市场重税的同时利用恒天然的技术优势实现在英国的本土化以获取英国高端奶制品市场。

与一般跨国公司的全球化过程不同，恒天然在全球布局的过程中显得较为低调，作为全球最大的奶企，恒天然的组织构架明显区别于其他跨国公司。首先，恒天然本质上是一个由新西兰奶农组织起来的合作社，在此基础上为抗衡阿根廷等国低价竞争而形成的公司组织，作为恒天然的实际拥有者的奶农并不愿意看到管理层大张旗鼓地进行海外扩张而影响国内奶源的收购，在某种程度上，他们是抵制海外扩张的，他们只需要海外的市场而不是海外的奶源。其次，从产业构架上，恒天然的优势是全产业链，实现从牧场到终端消费奶制品的全覆盖。但是我们很难看到恒天然的消费奶制品，为规避终端消费市场波动的风险，恒天然将更多的资源投入到原料奶的生产与销售上，即恒天然的客户主要是全球各大乳制品制造商，而不是终端的消费者。

（二）恒天然与中国

恒天然在中国的业务发展已长达 30 余年，恒天然中国总部设在上海，同时在北京和广州设有分公司；加上河北省唐山市的牧场，共有本地员工 300 余名。恒天然早先为中国市场的消费者提供各类营养的乳制品，并为中国乳制品企业提供优质原料，产品用于生产种类繁多的乳制品，包括奶粉、奶油产品、奶酪及乳蛋白原料等。由于中国经济增长对奶制品需求的带动，中国已成为恒天然全球最大的市场，年增长率达两位数。恒天然在中国的投资开始于 2005 年，当时恒天然出资 8.6 亿元收购当时的三鹿集团 43% 的股份。在三鹿"三聚氰胺"事件爆发后，一方面所投资的 8.6 亿元基本损失，同时也使恒天然意识到对产品质量控制的重要性。在三鹿合资之前，恒天然在中国市场业务的拓展非常低调，一直处在原料奶供应商的地位，为中国本土以及在中国经营的外资公司提供原料，基本不涉及终端消费牛奶制品的生产与销售。"三聚氰胺"事件后，恒天然面对快速成长的中国市场加快了加入脚步。

继与三鹿集团合资之后，恒天然开始进军中国的奶源市场。2007 年 4 月，恒天然在河北建立第一个牧场。通过建立牧场控制奶源，利用三鹿集团的渠道建立自有品牌安怡和安满奶粉的销售渠道，实现在恒天然河北地区乳业的龙头地位，并以此作为大本营向中国其他地区扩张。但是遗憾的是，随着"三聚氰胺"事件的爆发，恒天然在中国稳步扩张的战略受到影响，但由于恒天然较强的危机处理能力以及新西兰政府的介入，该事件并未对恒天然在中国市场的品牌产生太大影响。

"三聚氰胺"事件改变了中国乳业市场的格局，同时也使中国牛奶产业链出现颠覆式的调整，传统的散户养殖奶站集中收购转运的鲜奶收购模式转变为牧场或养殖小区规模化奶牛养殖模式，扩大养殖规模，可降低鲜奶的品质风险。"三鹿事件"之后，近三成的小型乳企面临停业，乃至退市。到 2009 年，中国奶牛饲养数为 1 218.5 万头，比 2008 年减少了 1.2%。随着中国乳品市场急速扩张，奶源远远不能满足市场需求，各大乳品厂商纷纷在国内争夺奶源。许多奶企无法获得足够的原料奶，便寻求捷径，直接从国外进口乳清蛋白粉（俗称"大包粉"），用干法工艺生产奶粉。大批的中国乳品厂商去新西兰引进奶源、进口奶牛。雅士利、美赞臣、惠氏等奶粉企业均是恒天然的合作伙伴，甚至直接在新西兰当地生产装罐，再进口到中国销售。由此，恒天然在国内乳品市场上的份额越来越大。

为进一步占领奶源市场，恒天然开始在中国大陆投资建设牧场。根据恒天然的战略计划，到 2020 年在大陆地区建设 30 个牧场，本土的牛奶产量达到 10 亿升。但是恒天然在中国的牧场采用的是与新西兰完全不同的模式，在新西兰所有的牧场采用的是散养的方式，单个牧场的规模也较小，规模超过 1 500 头牛的牧场仅有 105 家，占牧场总数的 0.9%。在中国的牧场则采用欧美模式的集中放养，牧场的规模都在 2 000～5 000 头之间。

目前，恒天然在河北和山西共计运营着两个牧场群，泌乳牛数量一共 3 万头，其中，山西省应县由 5 个牧场组成的牧场群已完工。另外，恒天然与雅培宣布投资 18 亿元人民币的第三个牧场群正在选址。随着这些项目的完工，恒天然将会达到 10 万头泌乳牛，年产原料奶 10 亿升左右。

恒天然不仅在奶源上逐步增加在中国市场的投入，更在全产业链打造上投入更多的资金与精力。2015 年 3 月，恒天然以 35 亿元人民币收购贝因美 18.8% 股份，利用贝因美的市场渠道将其面向终端消费的安满品牌产品推向市场。按照恒天然的新战略，未来在中国市场的原料供应业务占 60%，B2C 产品业务和 B2B 的餐饮业务各占 20%。恒天然高品质乳脂系列产品已成为市场的领导者，并被中国各地数以千计的面包烘焙店、连锁快餐店、餐厅、星级酒店、咖啡馆和食品供应商采用，目前一半以上的比萨使用的是恒天然马苏里拉奶酪，超过一半的大型面包连锁店使用的都是恒天然的黄油、奶油和奶酪。恒天然也已经成为众多知名餐饮企业的战略合作伙伴。

在中国市场快速发展的同时，消费者的需求也在不断变化，对产品的外观、口味与营养都提出了越来越高的要求，基于此，恒天然先后在上海和广州建立两个应用中心，专门对中国消费者的需求变化做出创新性研发。接下来恒天然还计划在成都和北京建立应用中心，覆盖全国各个主要区域，积极扩大在中国市场的全产业链占有率。

（三）全球乳制品交易平台

2006 年之前，每吨牛奶的价格波动维持在 50 美元左右，2006 年随着石油、玉米价格的大幅度波动，牛奶价格开始剧烈波动，每吨波动幅度达到 100～600 美金。剧烈的价格波动严重影响了牛奶市场的贸易，导致一些买家不知道以什么价格购买，加大了乳品贸易风险。鉴于此，作为全球最大的乳品生产商的恒天然自 2008 年开始启动全球乳制品交易平台，即 GDT，实现牛奶交易的竞标拍卖模式。

GDT 模式主要是为了让买卖双方了解价格，通过公开平台发现乳制品价格的工具。从 2008 年开始，恒天然作为单独销售者，其他参与者竞拍，当时只有 100 吨的量，现在 GDT 拍卖平台连接了来自全球的 8 个供应商，和世界各地的 650 个竞拍者，分布于全球 90 多个国家。2014 年 GDT 成交 100 亿美元，成交量为 88 万吨。

GDT 每月拍卖 2 次，每次 2 小时左右。截至目前有 360 个实际购买的买家，每次竞标卖掉 3 万～4 万吨。平台为正向竞标平台，正向即买方报出数量及基础价格之后，为了公平起见，销售方会标明提供的量、开标价，每一轮竞标价提高，数量减少。无论竞标者公司大小，地位均等。由波士顿第三方交易平台执行交割，卖方不直接与买方联系。

恒天然主导的 GDT 促进了全球乳品贸易的发展。对于卖方，可以做到全球销售，直接面对 650 个国际买家，发挥价格标的作用，实现价格发现功能，产品卖出更好的价格。卖家可以通过拍卖确定不同产品的产量计划。对于买方，大小买家平等，做到透明公平，取得直接国际贸易平台，实现国际市场直接竞标与购买。对很多没有长期合约的中小型公司可以通过竞标直接采购。此外，GDT 起到了期货市场未来价格发现及锁定的功能，做到风险管理。

三、恒天然的风险分析

(一) 市场风险

随着全球石油以及玉米价格水平的波动，终端消费需求的变化导致乳品价格波动相比较以往幅度大大增加，这对终端的乳品加工商和初端的原料奶提供者，即奶农或牧场带来较大的风险。尽管恒天然主要的业务集中在中间的原料提供，属于 B2B 模式，市场风险相对较小，但是对于恒天然的奶农来说全球乳业市场的波动对其影响仍然是较大的。

图 4-2 显示了 2013—2017 年 4 月份全球乳制品的价格波动，2014 年全年乳制品价格大幅度下降，终端价格下降带来的是原料奶收购价格的下降，如图 4-3 所示，承担价格下降的主体是恒天然的奶农，由于奶源价格的下降导致奶农自杀的事件在新西兰屡有发生。2014 年 12 月 10 日恒天然下调了 2014—2015 的固体奶预估价格，从 2013—2014 年度的每千克 8.4 新西兰元调降至每千克 4.4 新西兰元。自从新西兰恒天然在出台新季度的牛奶估价

后，新西兰已有 4 名奶农自杀，在此前的 6 个月里由于奶价的下跌，总共导致 14 名奶农自杀，并且还有一些自杀未遂的奶农。由此可见，牛奶价格的波动对初端奶农的影响之大。为此，恒天然以及新西兰政府一直在采取措施尽可能减小奶价波动对奶农的影响。

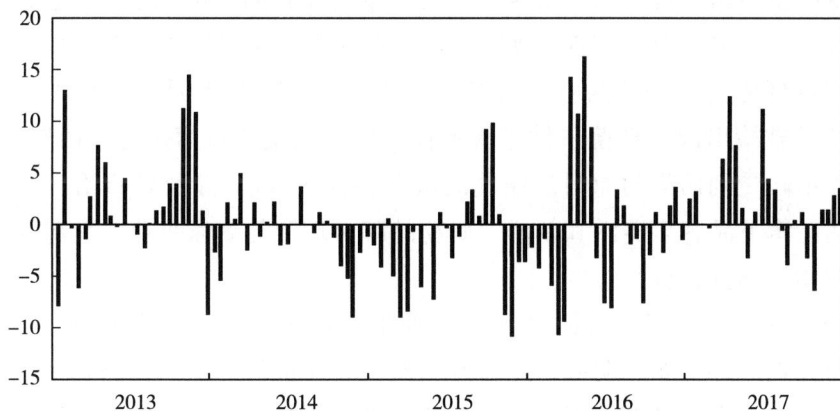

图 4-2 2013—2017 全球乳制品价格波动（新西兰元）

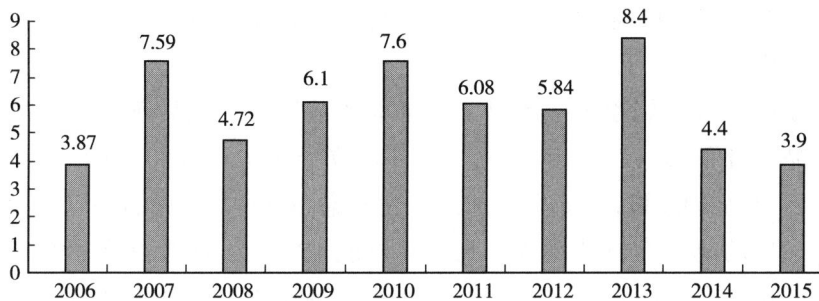

图 4-3 2006—2015 恒天然新西兰牛奶收购价格（新西兰元）

（二）品质风险

对于食品行业的企业来说，品质与安全是企业的生命。由于食品质量安全事件导致企业破产倒闭的案例时有发生。在中国一系列食品质量安全事故使得人们对食品质量安全更加谨慎和敏感。在乳制品行业中，三鹿奶粉的食品质量安全事故把恒天然推到了前台。其实"三聚氰胺"事件对恒天然的影响有限，尽管作为三鹿集团的最大股东，但是恒天然的危机处理方法以及及时的与政府部门沟通使得恒天然能够从该事件中全身而退，损失的仅仅是所投资的资本，而对恒天然的品牌并未带来太大的影响。

但是，在随后的一件乳品质量事故中，恒天然却不总是幸运的。恒天然公司 2013 年 8 月 2 日发布消息，称该公司一个工厂 2012 年 5 月生产的浓缩乳清蛋白粉检出肉毒杆菌，新西兰当局宣布全球召回 1 000 吨可能遭到污染的乳制品。经中新双方核查，现初步确定有 4 家中国境内进口商进口了可能受到肉毒杆菌污染的新西兰恒天然集团产品。2013 年 8 月 5 日恒天然集团就其产品被检出肉毒杆菌事件进行解释。恒天然集团首席执行官西奥-史毕根斯表示，受到污染的原料浓缩乳清蛋白共计 38 吨，涉及娃哈哈、可口可乐、达能旗下品牌多美滋和新西兰奶粉品牌可瑞康等 8 家企业，全部问题产品将在 48 小时内召回。

2013 年 8 月 28 日，新西兰初级产业部、新西兰恒天然公司和恒天然中国公司分别对外发布声明称，经新西兰政府委托进行的独立检测确认，在原本被怀疑含有肉毒杆菌的恒天然浓缩乳清蛋白原料以及包括婴幼儿奶粉在内的使用该原料的产品中，均未发现肉毒杆菌，而是含有一般不会引发食品安全问题的梭状芽孢杆菌，"肉毒杆菌"事件只是虚惊一场。

2013 年 8 月 11 日，斯里兰卡政府宣布，在包括恒天然集团产品在内的多种新西兰进口奶粉中检测出了化学物质双氰胺，随后勒令该国新西兰奶粉制品全部下架。2013 年 10 月 24 日，位于 Taranaki（塔拉纳基区，新西兰的一个岛）的 Hawera 牛奶加工厂发现总数 1~2 千克的泥巴和碎石进入了加工厂的奶罐车清洗系统，奶罐车可能被污染。尽管这次事故是一次轻微的质量安全事故，但也使得人们开始怀疑作为全球最大的乳品企业其质量安全保障体系究竟是如何运行的。这一系列的安全事故也直接影响到全球对乳品质量安全的信心，终端需求的下滑直接导致乳制品价格的下降。

四、牛奶价格期货与期权运用

（一）期货及其功能

期货与现货完全不同，现货是实实在在可以交易的商品，期货主要不是货，而是以某种大众产品如棉花、大豆、石油等及金融资产如股票、债券等为标的标准化可交易合约。因此，这个标的物可以是某种商品（例如黄金、原油、农产品），也可以是金融工具。

交收期货的日子可以是一个星期之后，一个月之后，三个月之后，甚至一年之后。买卖期货的合同或协议叫做期货合约。买卖期货的场所叫做期货市场。投资者可以对期货进行投资或投机。期货交易可以双向交易，期货可以买多也可卖空。价格上涨时可以低买高卖，价格下跌时可以高卖低买。做多可以赚钱，而做空也可以赚钱，所以说期货无熊市。期货市场里交易无需支付全部资金，国内期货交易只需要支付5％保证金即可获得未来交易的权利，由于保证金的运用，原本行情被以十余倍放大。期货主要有以下三种主要功能。

一是发现价格。由于期货交易是公开进行的对远期交割商品的一种合约交易，在这个市场中集中了大量的市场供求信息，不同的人、从不同的地点，对各种信息的不同理解，通过公开竞价形式产生对远期价格的不同看法。期货交易过程实际上就是综合反映供求双方对未来某个时间供求关系变化和价格走势的预期。这种价格信息具有连续性、公开性和预期性的特点，有利于增加市场透明度，提高资源配置效率。

二是规避风险。期货交易的产生，为现货市场提供了一个规避价格风险的场所和手段，其主要原理是利用期现货两个市场进行套期保值交易。在实际的生产经营过程中，为避免商品价格的千变万化导致成本上升或利润下降，可利用期货交易进行套期保值，即在期货市场上买进或卖出与现货市场上数量相等但交易方向相反的期货合约，使期现货市场交易的损益相互抵补。锁定企业的生产成本或商品销售价格，保住既定利润，规避价格风险。

三是套期保值。在现货市场上买进或卖出一定数量现货商品的同时，在期货市场上卖出或买进与现货品种相同、数量相当、但方向相反的期货商品（期货合约），以一个市场的盈利来弥补另一个市场的亏损，达到规避价格风险目的的交易方式。期货交易之所以能够保值，是因为某一特定商品的期现货价格同时受共同的经济因素的影响和制约，两者的价格变动方向一般是一致的，由于有交割机制的存在，在临近期货合约交割期，期现货价格具有趋同性。

（二）期权及其功能

期权又称为选择权，是一种衍生性金融工具。是指买方向卖方支付期权费（权利金）后拥有的在未来一段时间内（美式期权）或未来某一特定日期（指欧式期权）以事先规定好的价格（指履约价格）向卖方购买或出售一定数量的特定商品的权利，但不负有必须买进或卖出的义务，即期权买方拥有选择是否行使买入或卖出的权利，而期权卖方都必须无条件服从买方的选择并履行成交时的允诺。

期权主要可分为买方期权（Call Option）和卖方期权（Put Option），前者也称为看涨期权或认购期权，后者也称为看空期权或认沽期权。具体分为买入买权、卖出买权、买入卖权、卖出卖权四种。期权交易事实上是这种权利的交易，买方有执行的权利也有不执行的权利，可以灵活选择。

期权交易与期货交易之间既有区别又有联系。首先，两者均是以买卖远期标准化合约为特征的交易。其次，在价格关系上，期货市场价格对期权交易合约的敲定价格及权利金确定均有影响。第三，期货交易是期权交易的基础，交易的内容一般均为是否买卖一定数量期货合约的权利。期货交易越发达，期权交易的开展就越具有基础，因此，期货市场发育成熟和规则完备为期权交易的产生和开展创造了条件。期权交易的产生和发展又为套期保值者和投机者进行期货交易提供了更多可选择的工具，从而扩大和丰富了期货市场的交易内容。第四，期货交易可以做多做空，交易者不一定进行实物交收。期权交易同样可以做多做空，买方不一定要实际行使这个权利，只要有利，也可以把这个权利转让出去。卖方也不一定非履行不可，而可在期权买入者尚未行使权利前通过买入相同期权的方法以解除他所承担的责任。第五，由于期权的标的物为期货合约，因此期权履约时买卖双方会得到相应的期货部位。期权主要有以下三方面功能。

一是替代及复制头寸功能。在期货交易中，期权具有替代期货头寸和复制期货头寸功能，同时也具有化解价格极端波动风险的功能。在期权替代功能中，买入看涨期权或卖出看跌期权可以替代期货多头，而买入看跌期权和卖出看涨期权可以替代期货空头。在期权复制功能中，买进看涨期权同时卖出看跌期权可以复制期货多头，而买入看跌期权同时卖出看涨期权可以复制期货空头。当遇到市场极端行情，期货价格可能出现多个涨跌停板，这对头寸相反的投资者来说是个噩梦，但是期权可以帮助锁定风险。

二是保险功能。在期货套保交易中，期权是一项很有效的保险。不同执行价格相当于给投资者提供不同等级的保险，保险范围越大，保险费用也越高。例如，投资者持有一手价格为 100 美元 7 月到期原油期货多头，考虑到未来的价格下行风险，该投资者可选择买入看跌期权进行保护。投资者或许考虑买进 1 手 7 月 85 看跌期权进行保护，如果想获得更大下行保护，可以买进 1 手 7 月 90 看跌期权，或者对期货头寸实施完全保护，选择买进 1 手 7 月 100 看跌期权。当然，随着执行价格升高，投资者所支出权利金即保护成本也会快速上升。

三是额外的潜在盈利。在期货套利中，无论是市场内套利还是市场间套利，期权都可以用非常小的风险提供额外的潜在盈利。在期货套利时使用期权，首先不应该增加风险，其次是不应该支付过多的会浪费掉的时间价值权利金。期货期权套利策略往往会遇到头寸一侧变为虚值时，套利的性质开始消失，原来的头寸变为一个更加接近直接买卖的头寸。

（三）运用

1. 乳制品衍生品市场的建立

由于意识到未来全球牛奶产业价格的波动仍将持续，尽管牛奶需求随着全球收入的增长以及对牛奶营养价值的认识会持续增长，但是牛奶的供给受多方面因素的影响并不稳定，这将导致牛奶市场风险日益加剧，给全球奶业产业链的经营者带来困境。为降低市场风险，新西兰政府决定建立牛奶期货与期权交易的金融衍生品市场。新西兰交易所代表新西兰最大的资本市场发行商和上市机构，最新设计的期货和期权合约将利用本国经济的最大组成部分。此前，供应商和购买者对奶制品需求增长，以应对和管理牛奶价格波动。乳制品期货和期权合约也会在交易所综合衍生品市场交易，使各方都能注册参与。总体来说，合约对新西兰市场参与者十分重要，因为其加强了本国最大行业的风险管理。更重要的是，帮助新西兰奶农更好地控制定价，并获得更多选择。

新西兰奶农 95％产品销往海外，受全球奶制品市场影响很大。新西兰交易所认为牛奶价格期货和期权交易的设立在发展商品风险管理工具支持新西兰农业的过程中是个里程碑，旨在探索衍生品在内的风险管理工具如何解决农产品价格的浮动。2010年10月新西兰交易所建立全脂奶粉（WMP）期货交易市场，在随后的2011年4月建立脱脂奶粉（SMP）和脱水乳脂肪（AMF）期货合约交易。2011年11月建立WMP期权合约交易市场，2014年12月在衍生品市场增加黄油（BTR）期货交易，2016年3月，新西兰交易所开设和提供牛奶价格期货和期权合约，并获新金融市场监管局（FMA）和新西兰央行（RBNZ）通过。

自从新西兰交易所建立乳制品衍生市场交易后，由于全球的参与者，特别是来自美国和欧洲的客户非常方便地加入该系统进行交易，衍生品的交易规模持续增长，增加了乳制品期货合约的流动性。

2. 衍生品市场的参与者

乳制品衍生市场的参与者主要有乳制品生产者（奶农、牧场）、乳制品加工商、牛奶原料的购买者、乳制品贸易商、银行以及投资基金。

奶农或者牧场直接面对全球奶源价格的波动，其风险承担能力最弱，但承受的是最大的价格波动风险。NZX乳制品衍生品交易给予奶农或牧场乳制品和牛奶透明的价格指导，使其能够有机会能够以某一特定的价格来锁定一部分牛奶产品的价格，降低市场风险。

对于乳制品的加工商而言，对更多牛奶的需求增长将会使其支付更高价格，乳制品期货的出现使得他们可以锁定乳制品销售价格的同时也可以锁定他们所购买的原料奶的价格。而且，乳制品期货交易也可以给加工商提供存货或者期货销售对冲的机会，给予加工商的客户和他们的原奶供应商带来价格的稳定性。

对于牛奶原料的购买者来说价格的不确定性会使得前向计划非常难以实现，会挤压企业的利润并且增加生产成本，而乳制品的衍生品交易无论对买方还是对生产商来说都可以降低风险。

乳制品贸易商是乳品的最积极的买者和卖者，他们在全球寻求各种牛奶原料并出售给全球客户，折旧意味着他们同时承担来自于买卖双方的价格风险。参与衍生品的交易来缓解这一风险对于贸易商来说在牛奶价格波动越来越剧烈的背景下显得尤为重要。

银行也是衍生品市场的重要参与者。银行通过向奶农提供设施租借以及管理货币和利率风险而参与到这一行业中。若乳制品价格变动，奶农的现金将会流动，衍生品的交易无论对银行还是对奶农将会改善这一资金流动的确定性，这对双方来说都是有利的。在宏观层面上，全球的银行都有大量的资金配置到牛奶行业，期货交易使得银行可以在全球奶业整体基础上管理他们的资产，规避风险。

对于投资基金来说，他们认识到无论从政治经济角度还是作为一种贸易产品的牛奶的重要性。而牛奶衍生品交易的建立给予投资基金能够在牛奶行业和对蛋白质需求的长期趋势中能够崭露头角。

3. 衍生品交易市场的运作

乳制品衍生品市场的合约的价值来自于"物质"市场，比如说牛奶价格期货合约是来自于原奶的市场价值。

乳制品期货合约。乳制品期货合约的标的为乳制品，包括原奶、全脂奶粉、脱脂奶粉、黄油等产品，乳制品期货的合约交易过程与大豆期货、石油期货等产品的期货交易规则以及运作的过程并无区别。

乳制品期权合约。期权合约交易其实就是给买方拥有的在未来一段时间内或未来某一特定日期以事先规定好的价格向卖方购买或出售一定数量的特定商品的权利，但不负有必须买进或卖出的义务。与其他期权合约交易一样，乳制品期权仅仅在标的物上是特定的乳制品，构成要素以及运作的过程也无区别。

4. 衍生品交易市场的功能

乳制品衍生品市场建立的基本功能是发现价格和对冲风险，但与其他衍生品市场一样既具有对冲风险的功能也同时会产生投机获利的功能，前提是准确预见市场的情况下。

对冲风险者，比如牛奶产品的生产商或加工商可以通过建立价格的确定性来缓解价格风险。他们可以在期货市场进行与现货市场相反的操作，比如买入一笔现货乳制品的同时在期货市场卖出一笔期货合约。这样任何在乳制品现货市场的损失都可以理论上完全在期货市场得到补偿。但是对冲战略是建立在期货市场与现货市场的价格走势一致的情况下才会有效的，但是这两者并不完全一致。

投机者则通过预测牛奶市场的变化趋势来寻求利润。这与一般期货与期权的交易投机的机制是一致的，这里不再赘述。

五、案例启示

毫无疑问，恒天然作为全球最大的乳业厂商其全球化的策略无疑是成功的。在海外市场的扩张上采取稳步前进的策略，一直在其最擅长的环节保持其传统的优势，将其全球化进程中的风险最小化。在此基础上，立足于国内市场丰富的优质奶源向终端消费市场渗透。在这一过程不断发挥其行业的领导者的作用，建立全球乳制品交易平台，即 GDT 系统来促进全球乳制品交易的活跃。为降低风险，建立乳制品期货和期权市场，保障自身利益以及恒天然背后庞大的奶农利益，恒天然这一做法不仅在乳制品市场剧烈波动的背景下给行业的稳定提供了机会，也进一步巩固了新西兰在全球乳业中的龙头地位。

对于正在走向海外的中国农业企业来说，恒天然的全球化战略给我们带来一些启发。

第一，海外市场的进入选择。目前我国有很多在外投资的农业企业，但除了少数之外，大部分走出的经营农业的企业在国内的主营业务并不是农业，对农业行业的特殊性缺乏足够的认识，对于全球农业产业链不够了解，贸然进入陌生市场结果必然是为自己的行为买单。恒天然进入的市场基本上遵循先通过出口，建立代理方式一步步地来熟悉市场，在获取足够的市场信息之后再通过投资方式进入该市场。而且，在进入市场中一直坚持恒天然的主业，也就是自己的优势领域，确保在进入市场国中有足够的优势，不贸然进入不熟悉的领域。

第二，进入方式的选择。国内的农业企业在走向海外市场的时候大部分选择绿地投资，基本上是买地，这一点在 2016 年课题组对中国涉农海外投资中得到反映，很多国内的非农企业在资本扩张到一定程度时通过在澳大利亚、非洲、新西兰等地大量买入土地进入农业产业。因为传统思维认为土地资源是稀缺的，但是中国土地资源的稀缺不代表全球土地资源的稀缺，在全球化背景下不存在绝对的资源稀缺，只是价格的问题，盲目的买地一方面会导致东道国对中国企业农业海外投资的怀疑，将企业的市场化行为理解为政治行为，不利于企业正常经营活动的开展；另一方面土地购买后的高额成本影响后续的开发，最终导致经营困难。更有甚者，因为中国企业大肆在东道国购买土地，导致该国修改法律，限制外国实体在本国的购买土地行为。

第三，风险规避上要灵活运用一些金融衍生品工具进行对冲，保证经营活动的低风险，实现稳定的成长，这一点对于走向海外市场的大宗农产品企业来说尤为重要，比如棉花、大豆以及大宗粮食产品企业。恒天然通过建立乳制品期货交易平台，一方面通过价格发现功能对原料乳的价格具有更好地把握，另一方面通过该平台的期货期权交易对冲海外投资过程中由于奶价波动带来的风险，保证海外投资的平稳增长。由于恒天然在全球原料奶卖方市场上的绝对优势地位，能够利用这一支配优势建立全球交易平台，而中国的农业海外投资企业规模小，市场地位较弱难以建立起类似的优势。但中国在全球农产品买方市场中具有绝对的优势，可以通过建立行业间的协会或者由政府组建类似机构来运用这一优势，争夺定价权，为海外投资的农业企业避免海外投资的风险。

第五章 双汇集团：农业项目投资的杠杆运用

当前，处于复苏中的世界经济充斥着不确定性，困难依然重重。一方面，欧美等主要发达经济体尚没有形成新的增长亮点，且有向本土、保守、民粹主义等回归的征象；另一方面，中国等新兴市场成为全球经济增长的重要引擎，中资企业海外布局与兼并收购成为近些年全球经济领域中的热点之一。2013年9月底，中国"双汇国际"与美国"史密斯菲尔德食品公司"（Smithfield Foods）联合宣布收购完成，至此中国企业规模最大的赴美投资案正式收官。根据收购协议，双汇国际以每股34美元的价格从史密斯菲尔德的股东手中购得全部股份，史密斯菲尔德股票自2013年9月26日收盘后将在纽约股票交易所退市。史密斯菲尔德今后将作为双汇的全资子公司（附属公司）形式继续运营，史密斯菲尔德的品牌仍然保留。双汇国际将为收购股份支付47亿美元，另外还将承担史密斯菲尔德24亿美元的债务，总收购金额达71亿美元。

双汇国际董事长万隆表示，双汇在中国有庞大的分销网络，史密斯菲尔德有着领先的生产技术与安全标准，希望两家企业能发挥各自优势，为全球消费者提供安全优质产品。史密斯菲尔德首席执行官拉瑞·波普（Larry-Pope）补充说，两家企业的合作在稳定史密斯菲尔德现有业务的基础上，又开辟了一个进入庞大且仍在快速增长的中国猪肉市场的机遇。长期跟踪研究中国在美投资的美国罗迪厄姆咨询公司创始人丹尼尔·罗森表示，中国在美投资存量只用了大概3年时间就激增到约300亿美元，而美国在华投资存量积累了30年才达到约600亿美元，中国赴美投资流量自2012年开始已经超过美国赴华投资流量。美国是中国企业、居民和政府等对外投资的主要目的地之一，而中资企业投资美国的主要方式是并购交易。据美国企业研究所《中国全球投资跟踪统计报告》，2016年中国对美投资增长3倍，超过500

亿美元，私营企业兼并成为主力。

这是迄今中国企业规模最大的赴美投资案，是继 2012 年万达收购 AMC 后中国企业赴美投资的又一里程碑。除此之外，该项收购发生在奥巴马执政期间，属于中国食品企业"走出去"迈向全球跨国公司的成功案例；而且，采用的是杠杆收购方法，收购后的集团公司运行平稳有效，尚未出现反常情况。无疑，对于该项案例的梳理和研究，会对当下欧美逆全球化背景下，中国农业的对外投资和农业"走出去"战略以及有关中企的海外布局与并购提供一个过往经验或理论层面的参考指导等，具有重要的参考价值和借鉴意义。

一、公司概况

（一）双汇集团

1. 双汇简介

双汇是中国最大的肉类加工基地，农业产业化国家重点龙头企业，总部在河南省漯河市。双汇在全国 18 个省份建有 30 多个现代化的肉类加工基地和配套产业，形成了养殖、饲料、屠宰、肉制品加工、新材料包装、冷链物流、连锁商业等完善的产业链，年产销肉类产品 300 多万吨，拥有近百万个销售终端，除新疆、西藏外，双汇的产品都可以做到朝发夕至。双汇品牌价值 497 亿元，连续 20 多年居中国肉类行业第一位。

2014 年 1 月 21 日，总部设在香港的双汇国际宣布更改公司名称为"万洲国际有限公司"；并于 2014 年 4 月，在香港联合交易所主板上市，获纳入恒生综合大型股指数以及 MSCI 香港指数。2017 年 8 月，万州国际有限公司又入选恒生自述成分股。目前，"万洲国际"是全球最大的猪肉食品企业，在 2016 年《财富》世界 500 强排序中列 495 位，于食品、饮料及烟草板块中位列全球第 16 位，并为中国唯一一家上榜的食品饮料企业。"万洲国际"在肉制品、生鲜品和生猪养殖三大领域均排名全球第一，是全球规模最大、布局最广、产业链最完善、最具竞争力的猪肉企业；业务辐射全球 20 多个国家，拥有中国"双汇"、美国"史密斯菲尔德"等众多备受市场青睐的产品和品牌。

万州国际董事长万隆先生，拥有 40 多年的肉类行业管理经验。在他的带领下，培育了两个上市公司、一个世界 500 强企业和一支远见卓识、经验丰富、高度敬业、高度专注的管理团队。"双汇发展"（000895）深圳上市，"万洲国际"（00288）香港上市。"双汇发展"在福布斯"2014 全球最具创新力企业 100 强"位列第 24 位，中国大陆第 1 位；"万洲国际"股票被列入英国富时指数、香港恒生综合大型股指数。万隆先生被授予"漯河市特等功臣"、"中国肉类行业十大功勋企业家"、"美中经贸发展领军人物"、美国《时代》周刊全球"食神"荣誉功勋称号等。

2. 公司业务 & 产品："全产业链"

（1）饲料加工。漯河双汇肉业饲料厂总投资 6 000 多万元，从意大利引进国际先进水平的自动化饲料生产线，年产浓缩料、全价料等饲料 15 万吨。其中乳猪、保育猪、育肥猪、母猪等阶段的 8 个饲料品种获得河南省"出口食用动物饲用饲料生产企业登记备案"资格，生产的"旺师傅"牌饲料，经过自有规模化猪场的长期养殖验证，饲料质量安全可靠，养殖成绩同行业领先。目前，公司拥有饲料加工厂 2 个，与养猪业配套饲料厂 1 个，年生产饲料 15 万吨；与养鸡业配套饲料厂 1 个，年生产饲料 30 万吨，总投资 1.3 亿元人民币。

（2）养殖：双汇农牧。养猪业现有 3 个种猪繁育场、4 个商品猪场，年出栏种猪及商品猪 33 万头，总投资 10 亿元人民币。养鸡业规划 18 个商品鸡场、13 个种鸡场、1 个孵化场、1 个屠宰厂、1 个肉制品加工厂，年出栏商品鸡 5 000 万只，总投资 18 亿元人民币。配套有机肥厂、农业生态园正在建设，将全面形成生态农业可持续发展的全产业链。公司采取自繁自养、自产自销的养殖模式以及"公司＋基地＋标准化"的管理模式。公司先后两次从丹麦引进杜洛克、大白、长白种猪 800 头，创国内丹麦种猪引进之最。5 000 万只肉鸡产业化项目是双汇发展"围绕农字做文章、围绕肉类加工上项目"理念的又一实践，是实行农业化养殖、工业化加工产业的一条龙项目，是双汇发展拓展产业链条、从源头确保食品安全的又一保障。产业项目涉及饲料加工、种鸡繁育、孵化、商品鸡饲养、屠宰加工、肉制品加工等 36 个产业配套项目，形成自繁自养到鸡肉销售的全产业链，真正确保从农场到餐桌的食品安全。

（3）屠宰分割。2000 年，双汇集团率先从欧洲引进国内第一条冷鲜肉生产线，并且把冷链生产、冷链运输、冷链销售、商业连锁的模式引入中国；生猪屠宰及冷分割生产线，实现了生产过程中的全预冷、精细分割和规模化生产等。与传统的屠宰加工相比，具有以下几个显著的特点：建设规模大、设计标准高；工艺先进，技术设备达到国际标准；管理标准化、规范化；检测系统完善，仪器设备先进；实现计算机管理和自动化控制；双汇集团生产的冷鲜肉和现代化的屠宰加工基地的建设，代表了国内最先进的技术，引领了中国屠宰行业发展方向等。

（4）肉制品加工。双汇集团高温肉制品生产线，全部依据 HACCP 认证标准设计，按照现代食品加工要求实行全封闭、恒温标准建造，生产区与生产辅助区完全隔离，整个卫生管理系统达到国际先进水平。目前，双汇集团共有 13 个高温加工厂，可生产出 800 多个品种规格。双汇产品质量及食品安全的管理与控制由集团公司垂直管理的品质管理部全程把关。关键设备全部从美国、日本、德国进口，关键质量控制点采用微机监控。人员进入车间前必须先淋浴，进行二次更衣，到车间走廊进行洗手消毒，采用五步消毒法，进入车间再次进行风淋消毒，最后脚踏消毒后进入生产现场。原材料批批检验把关后方能投入生产使用，成品批批检测后方可发货，以确保产品质量安全放心。

（5）物流配送。双汇物流（全称漯河双汇物流投资有限公司）是双汇集团旗下的全资公司，成立于 2003 年，注册资金 7 000 万元，总部位于河南省漯河市。公司主要负责双汇集团在全国各地物流项目的投资、发展决策、网络建设，是国内最大的专业化公路冷藏物流公司之一。双汇物流以发展冷链物流为核心，建立了完善的冷藏物流全产业链，将打造中国冷链物流第一品牌作为发展战略，以规模优势、网络优势、资金优势作为强大支持，凭借现代物流信息技术平台，为客户提供优质高效、安全快捷的物流服务。

（6）商业连锁。双汇连锁商业是以经营双汇冷鲜肉和肉制品为主，采用"冷链生产、冷链运输、冷链销售、连锁经营"的肉类营销模式，集工业、商业、物流业于一体的"横向一体化、纵向一条龙"的新型肉类经营业态。双汇连锁商业 1999 年成立，拥有资产 2.5 亿元，员工 2 000 余人，在河南、湖北等省市建有 400 多家连锁店，主要经营双汇冷鲜肉、双汇肉制品、双汇调味料、生鲜、冷冻食品、粮油等与百姓生活密切相关的"肉、蛋、奶、菜、粮"等，政府十大民心工程"双汇早餐"以及相应的主餐加工、配送、销售等业务。公司依托双汇集团先进的技术、品牌、资金、人才优势，率先建立以销售冷鲜肉为主的双汇连锁店，利用先进的软件系统，现代化的冷藏物流配送中心，采用"冷链生产、冷链运输、冷链销售、连锁经营"的营销模式，把双汇集团生产厂产出的双汇生鲜肉、高低温肉制品运送到国内所有双汇连锁店，为消费者提供安全、营养、放心的食品。

（二）史密斯菲尔德（Smithfield Foods）

2017 年 5 月中旬，双汇发展在最新披露的《投资者关系活动记录表》中表示，史密斯菲尔德品牌肉制品目前在一二线城市、符合售卖条件的大型商超、高档便利店等渠道均有销售。目前销量占肉制品销量比例较小，主要原因一是宏观经济持续下行，终端消费平淡；二是史密斯菲尔德产品作为新品牌，品牌推广和培育需要时间，比原预期时间要长；三是美式产品口感口味与中国消费者还有一个需要适应的过程，还要从包装、规格、口感等方面做一些适应性改造。

史密斯菲尔德食品公司于 1936 年成立于美国弗吉尼亚州，位于弗吉尼亚州一个名为史密斯菲尔德的小镇，在生猪养殖、猪肉制品加工及销售领域历史悠久，是全球规模最大的生猪养殖及猪肉加工企业，2012 年《财富》杂志选出的世界 500 强企业里位列第 218 位。

1936 年，史密斯菲尔德公司创建初期主要生产和销售火腿，经过多年经营，在 80 年代初期将经营范围延伸到符合消费者需求的各种类型猪肉制品加工与销售方面。基于经营规模的扩大，史密斯菲尔德公司在 1981 年收购同城竞争对手 Gwaltney 公司以及 1995 年收购 John Morrell 公司之后，其产品市场占有率不断提升，并成为美国肉制品加工及制造行业的领导品牌。

进入 21 世纪，科技信息飞速发展，世界经济发展趋势已俨然变为经济全球化趋势，全球著名企业均开始走国际化道路。史密斯菲尔德公司也积极实施国际化战略，2000 年收购 Murphy 农场，2003 年收购 Farmland 食品公司以及其经营规模拓展到波兰和罗马尼亚，这标志着史密斯菲尔德公司成为世界范围规模最大生猪养殖以及猪肉制品加工企业。当前，史密斯菲尔德的经营已延伸到 12 个国家市场。2005 年，史密斯菲尔德公司获得了 ISO14001 认证，是肉制品加工及制造业首家通过此认证体系的企业，表明史密斯菲尔德将食品安全贯穿至整个产业链体系。2007 年通过合资公司史密斯菲尔德收购了 Sara Lees 旗下欧洲市场肉制品包装业务，其规模不断在扩大。截止到 2012 年，史密斯菲尔德公司拥有 4 家生猪养殖场，110 万头生猪，41 家肉制品加工厂，全球范围内员工多达 48 000 人，其加工的肉类制品除供应美国本土市场外，还向中国、加拿大、日本等海外市场出口。

史密斯菲尔德公司自创立之初就一直以成为最具责任感、信赖度高的食品领导企业为使命，并以食品安全为品牌核心。通过多年快速发展，史密斯菲尔德公司的自有品牌已达到 13 个，有 Smithfield、Farmland、Cooks 等著名品牌。然而近几年受到国内外环境因素影响，史密斯菲尔德公司开始面临生产过剩以及经营困难问题，导致其在 2012 财务年度发生债务 16.5 亿美元，资产负债率高达 33%。

二、收购缘起与成因

（一）收购背景：资源整合、全球视野、中国市场

1. 史密斯菲尔德食品公司陷入经营困境

史密斯菲尔德公司在全球范围内有较高的品牌影响力，火腿、培根等包装食品方面一直保持同行业较高的利润率。但是 2009 年，受美国金融危机影响，美国本地消费市场受到巨大冲击，肉制品等食品工业发展也受到了一定程度的波及。一是美国猪肉产品市场趋于饱和，市场需求不断降低。美国肉制品行业巨头史密斯菲尔德公司、ADM 公司、泰森食品等公司的市场累计占有率高达 90%，但根据美国农业部统计数据，美国本土消费者对猪肉及其制品的需求已连续三年降低，导致史密斯菲尔德营业利润不断降低，甚至出现亏损情况。在此形势下，史密斯菲尔德将目标市场转移到了中国，开始注重对中国的出口。二是玉米等原材料价格变化，造成生猪养殖饲料成本上升。一般来说，饲料成本在生猪养殖中占据 2/3 的大比例，饲料价格的波动，会直接影响肉制品加工企业生产成本。因此，金融危机导致的玉米等农副产品价格的剧烈波动，会导致史密斯菲尔德等肉制品加工企业养殖、采购

等各项成本的增加。三是全球消费者普遍关注食品安全，使得史密斯菲尔德以生产成本增加为代价，加大了食品安全生产体系的构建，虽然对其市场占有率提升有一定作用，但仍然难以增加利润。总之，2009 年以来受市场环境影响，史密斯菲尔德公司一直面临经营难题。

2. 史密斯菲尔德公司股东内部出现分歧

2008 年，持有史密斯菲尔德 6% 股权的 Continental Grain 公司提议让董事会将本企业业务拆分为种猪养殖、猪肉制品加工、猪肉加工国际业务等。但史密斯菲尔德执行董事波普为主的管理层不接受这一要求，导致公司内部遭遇公司治理巨大压力。由于史密斯菲尔德与中国的双汇集团在 2002 年就已建立合作关系，双汇国际早在 2009 年就提出收购史密斯菲尔德的意愿，董事会成员也有和双汇交易的想法，但由于价格问题，此项交易一直处在谈判磋商阶段。因此，正是 Continental Grain 公司提出的拆分业务要求，推动了史密斯菲尔德与双汇的交易进程。史密斯菲尔德董事层认同，和双汇国际展开并购交易能体现本企业维持品牌领导地位的目标、食品安全与发展创新的宗旨以及开拓国际市场的战略决策。

3. 双汇集团的资金实力不断增强

双汇国际控股的双汇集团是中国规模最大生猪养殖与猪肉加工销售企业，在国内市场有较高品牌领导地位。然而，2011 年爆发的"瘦肉精"食品安全事件导致双汇集团受到重创，销售额大幅减少。经历了此事件后，双汇国际加大对食品安全生产的重视力度，着重提升其国内市场品牌声誉，2012 年双汇集团财务状况得到明显改善。虽然双汇集团的业绩和盈利能力不断增强，但与史密斯菲尔德公司相比天差地别。因此，双汇并购史密斯菲尔德本质上是经营规模差距较大企业间并购，即"蛇吞象"式并购。在经营状况回升的形势下，双汇国际为实现树立安全食品品牌，成为具有世界影响力的肉制品加工企业的目标，开始向美国肉制品行业巨头传递并购意向。

4. 中国猪肉市场需求不断扩大的趋势

根据资料统计，中国市场现每年消费 6 000 万吨猪肉，是美国市场猪肉消费量的两倍之多，占据全球市场猪肉总消费量的一半之多，已是全球最大猪肉产品消费市场。近十年来，中国人均收入年均增速为 11%，以此趋势估算国内人均收入水平不断提升，猪肉产品消费量未来一段时间内会增长3％以上。然而，在国内市场需求不断提高的趋势下，农业环境的限制造成生猪养殖成本非常高，存在供不应求现象。从而导致中国主要依赖猪肉产品进口，2012年中国猪肉产品进口总额高达42亿美元，同比增长20.5％。与之对比，中国猪肉产品出口总额则仅为9.9亿美元，与上年同期相比下降8.8％。此外，近年来美国等发达国家的生猪养殖成本相比较比中国低。中国猪肉制品加工企业可把握这一时机，实施国际化战略积极走出去，通过并购快速获取优质、低价猪肉，降低本企业生猪养殖成本与生猪屠宰成本，提升每吨猪肉产品的利润，并增强本企业规模优势，扩大国内猪肉市场份额，满足不断扩大的需求。

（二）收购方法：杠杆收购

1. 定义

杠杆收购（Leveraged Buyout，LBO）又称融资并购，举债经营收购（美），是一种企业金融手段；杠杆收购在20世纪80年代开始盛行，当时公开市场发展迅猛，向借贷人敞开了方便之门，允许他们借贷数百万美元去购买那些本来是很勉强的项目（先前是绝不可能的）。杠杆收购是指公司或个体利用收购目标的资产作为债务抵押，收购另一家公司的策略。交易过程中，收购方的现金开支降低到最小程度。换句话说，杠杆收购是一种获取或控制其他公司的方法。杠杆收购的突出特点是，收购方为了进行收购，大规模融资借贷去支付（大部分的）交易费用。通常为总购价的70％或全部。同时，收购方以目标公司资产及未来收益作为借贷抵押。借贷利息将通过被收购公司的未来现金流来支付。

杠杆收购的主体一般是专业的金融投资公司，投资公司收购目标企业的目的是以合适的价钱买下公司，通过经营使公司增值，并通过财务杠杆增加投资收益。通常投资公司只出小部分的钱，资金大部分来自银行抵押借款、机构借款和发行垃圾债券（高利率高风险债券），由被收购公司的资产和未来现金流量及收益作担保并用来还本付息。如果收购成功并取得预期效益，贷款者不能分享公司资产升值所带来的收益（除非有债转股协议）。在操作过程中可能要先安排过桥贷款（bridgeloan）作为短期融资，然后通过举债完成收购。杠杆收购在国外往往是由被收购企业发行大量的垃圾债券，成立一个股权高度集中、财务结构高杠杆性的新公司。在中国由于垃圾债券尚未兴起，收购者大都是用被收购公司的股权作质押向银行借贷来完成收购的。

当前，由于中国商业银行对跨国并购的消极态度，使得中国食品加工及制造企业等资金规模较小的多数企业在跨国并购过程中无法具有资金优势。在此形势下，中国食品企业开始选择国内外实力较强的投资机构，采取杠杆融资的方式降低融资成本，从而顺利开展跨国并购交易。双汇并购史密斯菲尔德公司就是合理采用 LBO 方式的典型交易。

2. 中介（杠杆）机构

2013 年，双汇国际主要借助金融机构的力量，通过杠杆收购的方式出资 71 亿美元成功并购史密斯菲尔德公司。因此，此项并购交易支付过程中的银行等金融中介机构的作用尤为重要，一共有以下 1 家国外投资机构和 7 家国内外银行对双汇国际并购交易提供了资金支持：

投资顾问：摩根士丹利公司担任了双汇国际的并购投资顾问，为其给予 39 亿美元贷款支持。它是一家国际投资机构，总部位于美国纽约，业务范围包括证券业务、银行业务和为企业兼并重组提供咨询、融资、资产管理等综合性业务，当前在世界 27 个国家均设有分支机构，拥有大约 6 万名员工，与世界多数知名企业保持着长久合作。

牵头银行：中国银行纽约分行联合另外 6 家银行给予 40 亿美元贷款，帮助双汇顺利完成对史密斯菲尔德并购交易。作为一家商业银行，中国银行业务主要涉及商业银行和投资银行领域，服务范围涉及国内以及世界 37 个国家，为各国个人和企业客户提供借贷款等服务。中国银行一直以提供全球化金融服务、多元化金融服务的跨国性质的大型银行为企业战略定位，已成为国际化程度最高的国内商业银行，为世界大型知名企业集团提供融资等金融业务。

六家提供资金支持的其他银行：六家国内外银行在中国银行纽约分行的牵引下对双汇国际并购史密斯菲尔德公司交易给予了贷款支持。一是中国工商银行。中国工商银行股份有限公司是中国规模最大的国有商业银行，1983 年设立，其业务主要为国内个人和企业提供信贷等商业银行业务，并且近几年由于其国际化进程的加快，已为全球范围内的个人以及外资企业提供信贷、经纪、理财、融资等金融服务。二是荷兰合作银行。当前荷兰国内第二大银行，由1974年荷兰多家农村信用社合并成立，其当前服务领域主要涉及农业以及食品工业，对这些行业企业或个人提供信贷等金融服务。荷兰合作银行一直注重合作制的经营方式以及较低风险且较高质量的资产组合的同时，实施国际化战略，在中国北京等地设立了分行。三是东方汇理银行。东方汇理银行1876年设立于法国巴黎，是一家大型跨国银行，一直从事国际金融业务，早在1899年在中国广州等地设立过分行。当前，东方汇理银行业务主要涉及个人和企业信贷业务等银行服务以及为多数世界知名企业集团的跨国并购交易提供融资等金融服务。四是法国外贸银行。法国外贸银行是法国大众银行集团旗下的一家上市银行，提供基本商业银行业务的同时，主要与世界大型上市公司集团、投资机构密切合作，为其提供融资和经纪业务。五是渣打银行。渣打银行作为一家国际型银行，1854年在英国伦敦成立，并早在19世纪50年代在上海开了全球首家分行，当前在亚洲、中东各国范围内为个人和公司客户提供信贷等金融服务，为帮助亚洲企业投资提供融资服务。六是苏格兰皇家银行。苏格兰皇家银行是欧洲历史悠久的银行集团，1728年在英国爱丁堡设立，当前已成为英国最大银行，在世界范围内提供个人和公司信贷业务，并且主要为食品零售行业提供融资和经纪业务。

三、收购过程和成效

（一）收购实施过程：有惊无险

史密斯菲尔德公司为缓解企业财务危机，在2013年年初提出并购交易意愿。同年5月，除了双汇国际以外，泰国正大食品公司以及巴西JBS食品公司也参与了竞标，其中双汇国际的估价为大约71亿美元，通过一系列定价谈判之后，史密斯菲尔德选择与其开展交易。5月29日，双汇国际与史密斯菲尔德正式签署并购协议，规定并购方双汇国际共出资71亿美元收购史密斯菲尔德公司全部股权，并承担被并购方主要债务。因此，交易额包括两部分，一是双汇国际采用现金方式购买史密斯菲尔德公司1.39亿流通股，由于5月29号股价为34美元/股，双汇国际需承担47亿美元的股权收购价格；二是双汇国际需要代替被并购方偿还24亿美元巨额负债。

双汇国际为这次跨国并购总共融资 79 亿美元，资金来源主要有中国银行纽约分行为主 7 家银行组成的"银团"40 亿美元定期贷款以及作为本次并购投资顾问的摩根士丹利对双汇国际给予的 39 亿美元贷款。8 月 30 日，双汇国际用本企业股权以及史密斯菲尔德全部股份作为担保，获得了国内外 7 家银行提供的 15 亿美元和 25 亿美元融资，分别是 5 年期、3 年期的贷款，主要用于收购史密斯菲尔德公司股权，其中中国银行提供 10 亿美元贷款，并同时担当贷款的代理银行与抵押代理银行；摩根士丹利提供了 23 亿美元定期贷款、16 亿美元过渡性质贷款，用来支付史密斯菲尔德公司对外负债。双汇国际完成并购后，需要用双汇集团在并购后财务年度在提取各项盈余公积之后，净利润 60％的部分偿还并购贷款。

2013 年 6 月，双汇国际和史密斯菲尔德关于并购垄断和国土安全问题向美国反垄断部门即外商投资审查委员会提交反垄断审查。紧接着 7 月 10 日，国会对双汇并购史密斯菲尔德的交易开了听证会，由并购双方详细阐述交易内容。经过历时 3 个月的审查，9 月 6 日美国反垄断部门批准双汇并购史密斯菲尔德案例审查通过。9 月 27 日，史密斯菲尔德食品公司完成退市手续，标志着双汇国际并购史密斯菲尔德公司交易正式结束。今后史密斯菲尔德食品公司会以双汇国际的国外子公司形式发展，但仍可以继续使用其"Smithfield Foods"企业名称和 13 个自有品牌。

（二）收购成效：平稳成功

在对万州国际 2012—2016 年相关年度财务指标和状况进行整理与分析后（表 5-1），主要观察万州国际自身运营的动态化，不难看出：

第一，和收购前相比，偿债能力有所提高。资产负债比从 2013 年的 77.83％逐年降低到目前的 48.29％；流动比率数值及其变化也在较为合理和可控的范围之内。第二，可以明显地看出，和收购前相比，万州国际的盈利能力有显著提升。营业额明显放大，当前也保持在稳定增长状态；利润率较为稳定，收购后一直处于 7.0％以上；股本回报率有所上升，目前为 17.2％。第三，比较可喜的是，收购后的万州国际运营效率正在不断提升。和 2013 年相比，资金周转天数下降 10％以上；主营业务（生鲜猪肉）对外销量连续多年保持增长，2016 年的生鲜猪肉对外销量较 2014 年增长 10％以上；2016 年的净资产收益率提升至 16.4%，靠近收购前 2012 年的净资产收益水平。

表 5-1　万州国际 2012—2016 年相关年度财务指标

	2012	2013	2014	2015	2016
偿债能力财务指标					
资产负债率（%）	27.08	77.83	58.9	53.13	48.29
流动比率（%）					
	1.61	1.83	1.72	1.82	1.46
盈利能力财务指标					
营业额增长率（%）	14.40	80.20	97.70	−4.60	1.50
经营利润率（%）	9.10	7.90	7.30	7.30	8.30
股本回报率（%）	—	12.90	20.70	14.40	17.20
运营效率财务指标					
资金周转周期（天）	—	35.30	34.20	34.80	31.60
生鲜猪肉对外销售量（千公吨）	—	1 800.00	3 764.00	3 870.00	4 150.00
净资产收益率（%）	18.17	−11.56	14.93	13.64	16.40
营业额、经营利润的分地区占比（%）					
美国（营）	—	30.50	59.50	60.10	57.40
美国（利）	—	11.70	46.30	44.70	49.70
中国（营）	—	65.80	33.20	33.40	36.00
中国（利）	—	86.00	47.90	52.10	46.00
其他（营）	—	3.70	7.30	6.50	6.60
其他（利）	—	2.30	5.80	3.20	4.30

数据来源：万州国际财务报告（2014—2016 年报）。其中，2012 年（基期）营业额为 62.43 亿美元。

更为重要的是，从收购后万州国际主要的中、美两个市场业务经营构成的变化与对比来看，作为全资子公司运营的史密斯菲尔德，其所经营和维系的美国市场，在收购后，营业额占比稍有下降，但经营利润占比有所上升；而中国市场的营业额占比有所上升，经营利润整体上较为稳定。这说明，收购后的万州国际在经营上没有发生意外，运营正常。因此，至少从目前情况来看，"双汇国际"杠杆收购"Smithfield Foods"后，其管理和运营等是正常的，收购是成功的。

四、案例启示

在具体开展跨国并购收购活动时，并购方会面临许多潜在的外部风险，如政治风险、金融风险、经济风险等。因此，我国企业不妨可以考虑采取灵活多元化、多种组合形式的并购技巧等，合理巧妙规避各种风险，实现收购目的。

（一）基本策略设计

1. 将对手视作榜样

双汇宣布收购史密斯菲尔德看上去是一场突然发生的"闪婚"，但实际上双方的接触已经持续了多年，只不过没有涉及收购这个话题。作为美国最大的猪肉产品供应商，史密斯菲尔德被当成双汇学习的一个榜样。双汇基本上每年都要派出人马前往美国，参观学习史密斯菲尔德，万隆本人与史密斯菲尔德总裁拉瑞·珀普（Larry Pope）也非常熟悉，交流多次。由于有信任基础，双汇国际之前宣布，如果得以成功收购史密斯菲尔德，承诺保持其运营不变、管理层不变、品牌不变、总部不变，承诺不裁减员工、不关闭工厂，并将与美国的生产商、供应商、农场继续合作；全美的消费者仍将继续享用史密斯菲尔德高品质、安全的猪肉产品。

2. 中介牵线

2006 年，双汇集团国有产权挂牌转让，拥有丰富跨国资本运作背景的鼎晖投资和高盛集团联合获得这部分股权，此后淡马锡也间接成为双汇集团的股东之一。从史密斯菲尔德披露的此次收购顾问名单能看出双汇国际化资源和手段的多样性。此次收购的财务顾问是摩根士丹利，法律顾问是 Paul Hastings LLP 和 Troutman Sanders LLP。收购虽然牵扯到 47 亿美元的现金，不过双汇已经跟跨国银行和国内银行达成了初步的协议，资金不是问题；加上保持史密斯菲尔德的管理层稳定，使得这起收购具有了充足的把握。

3. 努力提升自身经营实力和资金能力

自身经营实力和资金能力的提升，可以博取对方信赖，增加海外兼并收购的可行性与可能性。对于中企而言，或需做好以下四个方面：一是开拓性。产品和市场的维系与开发是企业生存发展的主线，优质的产品、具有竞争力的价格和广阔的市场等都是企业需要努力开拓的方向。二是具有危机意识，对潜在的经营、资金、社会舆论、政治等各层面的风险需要提前识辨，做好应对准备。三是能够有效处置危机。如案例中，2011 年爆发的"瘦肉精"食品安全事件导致双汇集团受到重创，销售额大幅减少等。四要抓住当下中国经济开始全面走向世界的新机遇。当下，中国特色社会主义进入新时代，社会主要矛盾已经转化为人民日益增长的美好生活需要和不平衡不充分的发展之间的矛盾。同时，中国将会以"一带一路"倡议为重点，坚持引进来和走出去并重等，推动形成全面开放新格局。

4. 盯住市场需求，资源全球布局

收购美国最大的生猪供应商让双汇在未来中国甚至国际市场上的竞争处于非常有利的位置。目前国际市场猪肉的贸易量只有 600 万吨左右，在猪肉出口市场，美国地位比较重要。美国国内市场对猪肉的消费已经呈现饱和的态势，史密斯菲尔德在最近的一些财政年度业绩不佳甚至出现亏损，与美国猪肉市场饱和有密切联系，走向海外开拓国际市场是其重要选择，而占全球消费量一半的中国市场更是绕不开的地方。美国农业部的数据显示，2012财政年度，美国累计出口了 183.7 万吨猪肉，其中出口到中国（含香港）的猪肉占比为 16.7％。对双汇来说，国内外两个市场的结合，在面对市场的变化时，身手或许变得更加灵活。

（二）具体操作设计

1. 保持或寻求与中介机构积极合作

中国企业在开展跨国并购活动时可以与具有良好信誉的国内外中介机构合作，有助于防范并购过程中可能遇到的金融风险等外部风险，提升并购效率。由于多数世界大型投资机构在香港有分支机构，从而对双汇国际寻求融资的中介机构提供了便利条件。双汇国际并购史密斯菲尔德时聘请了摩根士丹利公司担任投资顾问以及中国银行担任融资担保银行，并且获得了中国银行在内的国内外 7 家银行的贷款支持，为双汇国际此次跨国并购保驾护航。

2. 灵活采取多元的并购手段

充分的资金保障是跨国并购能够成功的一个关键性因素，但一般规模的企业资金难以承担高昂的并购金额。我国企业若想迅速达成跨国并购交易以及避免并购资金不充分等风险，可以灵活采取多元化、多种组合形式的并购手段。因此，杠杆并购就为货币资金较少的并购企业提供了便利，企业可以采取现金并购和杠杆并购结合的多元化并购手段。具体来说，企业根据资金状况，支付一定数额现金来购买被并购方少数股份，同时将预期收益抵押给金融机构，获得金融机构贷款，用其购入被并购方剩余股份（会计报表中记到短期投资科目），等到完成并购后重新在资本市场发行证券，要注意贷款到期时需要以抵押资产还本付息。

双汇国际出于本企业所处环境与实际情况的考虑，结合了现金收购和杠杆收购两种方式完成了并购史密斯菲尔德这一交易，即保证一定现金支付的同时，采取对自身有利的杠杆并购方式，用子公司双汇集团的资产、股权以及并购后利润所得作为抵押担保，使其获得7家国内外银行的贷款支持，从而顺利完成并购交易。通过这种以杠杆并购为主的多元并购手段，双汇国际的货币资金压力得以缓解，同时息税前支付贷款利息能够帮助双汇减轻税负压力。可见，杠杆并购方式的合理运用为中国食品加工类企业跨国并购如何扩大融资途径提供了经验借鉴，例如企业可以根据自身经营情况和财务状况，制定合理的融资方案，优化组合股票或债券收购、杠杆收购和现金收购等方式，灵活采取多元的融资手段。

3. 交易定价的合理准确计算

如何为企业"估值"是海外并购过程中的关键环节之一。若出价偏低，可能丧失购买被收购公司的良机；若出价过高，将对日后的经营产生重大不利影响。这桩持续数月的交易，在完成之前曾经历了不少波折。据悉，史密斯菲尔德的股东曾对收购估值提出质疑。其实，企业价值评估在海外一般被视为购并过程中的一个内部程序。完整的并购过程包括项目筹备、目标搜寻、尽职调查等多个环节。

此宗交易在最终的收购中，双汇用现金收购其已发行在外的所有股票，比史密斯菲尔德公开声明此次交易之前最后一次开盘的收盘价还要高31%。一般认为，股票的交易价格在一定程度上代表了企业资产的价值。但由于经济情况、市场环境、投资者心理预期和时机等因素的影响，股票的价格与其市场价值并不必然完全等同。同时，由于双汇购买的是史密斯菲尔德的控股股权，与证券市场上流通的非控股股权存在本质区别。对于控股股权，投资者通常需要支付控股权溢价。因此，在采用市场法进行估值的时候，要充分关注估值时点，考虑交易当时的经济情况、市场环境等因素，并适当考虑控股权溢价或少数股权折价的影响。

截至 2013 年 4 月 28 日，史密斯菲尔德的资产负债表显示，公司净资产价值，即股东权益约为 31 亿美元，双汇收购所有股东股票的收购价款为 47 亿美元（即 71 亿美元与 24 亿美元债务承担的差额）。交易价格的溢价可能包括有形资产评估增值、表外无形资产价值以及不可辨认无形资产价值，如商誉等。因此，由于资产基础法无法合理评估不可辨认无形资产价值，所以在评估拥有显著的不可辨认无形资产的企业时存在一定的局限性。综上所述，企业价值评估是一门综合性较强的工作，需要尽可能掌握各个方面的资料，交易双方应从多个角度出发评估合理价值区间，实现共赢。

（三）当地化合作与公共关系处置

1. 不损害被收购方及相关甚至国民的利益

由于有信任的基础，在收购之前，双汇国际就宣布，如果得以成功收购史密斯菲尔德，承诺保持其运营不变、管理层不变、品牌不变、总部不变，承诺不裁减员工、不关闭工厂；并将与美国的生产商、供应商、农场继续合作；全美的消费者仍将继续享用史密斯菲尔德高品质、安全的猪肉产品。而且，万隆表示，完成收购后，双汇不会到美国去建新的肉制品加工厂，同样史密斯菲尔德也不会到中国来建工厂，但是双汇会考虑将史密斯菲尔德的品牌和产品引入中国市场。

2. 对东道国的审查持积极的态度

由于国家性质等背景因素的原因，中国企业并购欧美著名企业时，经常会受到东道国政府部门的涉及国家安全、反垄断等方面的重重审查。这就要求中国企业开展跨国并购时应积极参与东道国国会听证，应对东道国相关部门的审查。此外，中国企业还应积极利用东道国当地媒体舆论的力量，对本企业与此次并购性质进行正面的宣传报道，消除当地政府等相关部门与群众的顾虑和误解。双汇国际并购史密斯菲尔德时，CFIUS（美国外资审查委员会）认为此并购涉及食品安全，对双汇国际采取了较为严格审查。在接受审查期间，双汇国际将并购相关资料主动提交 CFIUS，并积极参与美国国会听证。与此同时，被并购企业董事层也向国会表明此次并购不仅不会危及食品行业安全，还有利于提高美国猪肉产品出口量。此外，双汇国际积极应对美国方面审查，并与当地媒体进行有效沟通、进行正面宣传也对并购的顺利达成减少了诸多阻力。

3. 合理利用海外架构等技巧

中国企业可以通过海外架构缩小跨国并购阻力，防范政治和法律方面风险。首先，双汇集团为避免国内多部门繁杂和耗时的审批程序，而选择了总部位于香港的双汇国际来进行此次跨国并购运作，不仅能够减少并购成本，还有利于获取史密斯菲尔德原有股东的支持，使其顺利通过当地反垄断部门的审查。其次，双汇国际实施并购时，指派公关团队与当地政府进行沟通、积极规划媒体报道来宣传和强调此次并购是单纯的商业行为，并未涉及美国食品安全、国土安全问题，从而建立双汇集团在美国当地的良好企业形象，规避了可能的政治风险。国内企业进行跨国并购时通常会涉及税务、工商、海关等诸多部门长达几个月的审批。因此，国内企业开展跨国并购活动时可以在海外建立专门负责其对外投资与贸易的平台，借此发挥国际投资机构和资本市场优势，从而达到降低并购难度的目的。

（四）政府层面的外交与支持亦不容小觑

有一种声音认为，2013 年 6 月，中美两国领导人在美国加州安纳伯格庄园会晤，一定程度上也为双汇国际收购 Smithfield Foods 奠定了政府层面强化友好交往与密切合作的基础等。

1. 充分利用"中美经济战略对话"等沟通平台，加快推进中美双边投资协定（BIT）谈判进程

扩大高层的沟通渠道，提高沟通效率，增加高层间的互访和交流，增强美国国会和政府对中国的信任度。此外，还应充分发挥中国政府驻外机构的区位优势，加强对中国形象的宣传和塑造。加快推进中美双边投资协定谈判进程。建议采取"成熟一项，实施一项"的原则，尽快让前期谈判形成的共识进入实施阶段。此外，还应注意投资协议的对等原则。例如在金融领域，应要求美监管机构降低中资金融机构赴美投资的门槛，对等于中国监管机构对美银行在华的发展政策等。

2. 进一步简政放权释放市场和企业活力

一是优化国内企业海外投资的审批流程。应采取并行审批的模式，尽量缩短行政审批周期，同时继续放宽审批条件，减少审批事项。二是为中资企业海外投资创造有利的融资环境。继续拓宽国内企业对外投资的低成本海外融资渠道，降低国内企业在海外发行融资工具的门槛，鼓励中资金融机构的海外分行加大对中资企业海外投资的金融支持力度。三是继续加快外汇管理体制改革，进一步加大简政放权力度，减少国内企业资金跨境过程中的限制，降低企业在全球范围内配置资金的成本，提升企业在扩大海外投资过程中的盈利能力等。

3. 提升中资企业赴美投资的能力

据美国商务部经济分析局数据，2016 年世界各国对美国的直接投资总额达数千亿美元。其中，中国达到创纪录的 582 亿美元，但未跻身前十位；与排名第十的西班牙相差近百亿美元。一是鼓励和支持民营企业参与并扩大对美投资。由于民营企业进入的房地产和高端制造业限制较少，应该在财政补贴政策、信贷支持政策等方面鼓励民营企业积极参与对美投资，形成对中资国有企业"走出去"的有益补充。二是积极培育对美投资的专业服务机构。加大政策支持力度，如在注册准入和结构性减税等方面进行支持，加强对市场的监管力度，促进市场的良性发展。同时，充分发挥中美华人商会在促进中资企业对美投资中的积极作用。三是优化中资企业海外投资的人力资源管理模式。加强与当地的管理制度融合、团队建设融合和文化氛围融合。由于美国工会力量强大，大多数中资企业的员工都已经工会化，因此在员工的聘用上应尽量坚持本地化，降低国内外派人员比例。

第六章　杜邦陶氏：农业投资项目的战略合作

2015 年 12 月 11 日晚，美国最大的两家化工公司陶氏化学和杜邦正式宣布合并，合并后的陶氏杜邦公司（Dow Du Pont），以高达 1 300 亿美元的市值位居全球化工行业第一位。此次合并对全球企业合并及行业格局产生极其深远的影响。

一、合并背景

1. 杜邦公司

杜邦公司成立于 1802 年，距今已有 200 多年的历史，是一家以科研为基础的全球性企业，专注于提供能提高人类在食物与营养、保健、服装、家居及建筑、电子和交通等生活领域的品质，进入 21 世纪后已逐步转型为以科研为基础的全球性企业。公司业务板块包括农业科学、电子与通讯、工业生物科学、营养与健康、高性能化学品、高性能材料、安全与防护。产品遍及全球 90 多个国家和地区，有员工 6.3 万人。在 2015 年《财富》500 强排名第 327 位，C&EN 化工公司 50 强中位居第 8。杜邦公司分为 13 个业务部门，分别为杜邦植物保护、杜邦先锋良种、杜邦营养与健康、杜邦高性能涂料、杜邦钛白科技、杜邦电子与通讯、杜邦应用化学与氟产品、杜邦包装用塑料与工业用树脂、杜邦高性能聚合物、杜邦防护科技、杜邦可持续解决方案、杜邦建筑创新和杜邦应用生物科学。主要产品覆盖电子材料、能源与公用设施、采矿、食品与饮料、工程塑料、楼宇与建筑、汽车（爱温无水冷却液）、海运、农业、包装与印刷技术、医疗保健与卫生和安全与防护等领域，涉及范围较广。

图 6-1 显示了杜邦公司在 2008—2015 年度营业收入与利润的变化情

况。2008 年金融危机之后至 2009 年杜邦公司的营业收入明显下滑，2009 年之后公司的销售及利润情况逐步改观，2012 年后公司的营业收入与利润显示出明显的下降，反映出公司的长期经营状况不容乐观。

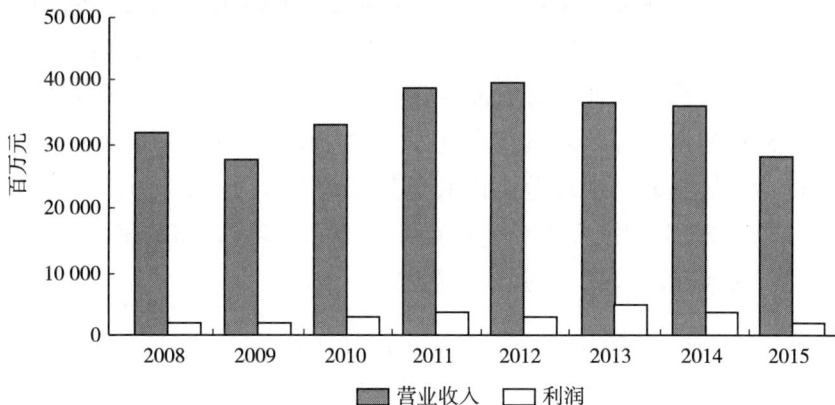

图 6-1　杜邦 2008—2015 年营业收入与利润

杜邦公司重视创新研发。2013 年，杜邦公司研发投入为 22 亿美元，获批约 1 050 项美国专利和约 2 500 项国际专利，在全球拥有 10 000 多名科学家和技术人员以及超过 150 家研发设施。与以往任何时候相比，杜邦如今在更多的地区与更多的人开展合作。杜邦公司认为"包容性创新"是解决人类所面临的最大挑战的途径：通过与学者、政府、企业和组织的合作，可以找到新的更好的方法，为不断增长的世界人口提供食物、能源和防护，改善人们的生活质量。

杜邦公司与中国的业务往来可追溯到 1863 年，跟随中国改革开放的步伐，杜邦公司于 1984 年在北京设立办事处，并于 1988 年在深圳注册成立"杜邦中国集团有限公司"，成为最早开展对华投资的跨国企业之一。经过 30 多年的经营，杜邦已在中国建立了 40 余家独资及合资企业，拥有员工约 6 000 人，并将众多地区业务总部移至中国大陆。位于上海的杜邦中国研发中心于 2005 年正式投入使用，并于 2013 年完成二期扩建。该中心致力于为中国本地、亚太地区和全球市场提供技术创新支持与合作平台，着重于光伏解决方案、生物基材料、汽车材料等领域的新材料应用开发及检测能力。2014 年 9 月落成杜邦上海创新中心，专注于农业及食品、3C、汽车和能源四大领域，进一步连接中国本地市场的研发需求与杜邦全球创新资源，更高效地推动地区协作，提升相应本地创新伙伴的速度。

2. 陶氏化学

陶氏化学公司成立于 1897 年，世界领先、美国第一大化工公司（以收入计算）。其公司客户遍及全球约 180 个国家或地区及包装、电子、水、涂料和农业等高增长的行业，有农业科学、消费者解决方案、基础设施解决方案、功能材料和化学品、功能塑料五大业务板块。2014 年，陶氏化学销售收入超过 580 亿美元，全球范围内共有员工约 5.3 万人；超过 6 000 个系列的产品分布在 35 个国家 201 个生产点。在 2015 年《财富》500 强中排名第169 位，C&EN 化工公司 50 强中位居第 3。

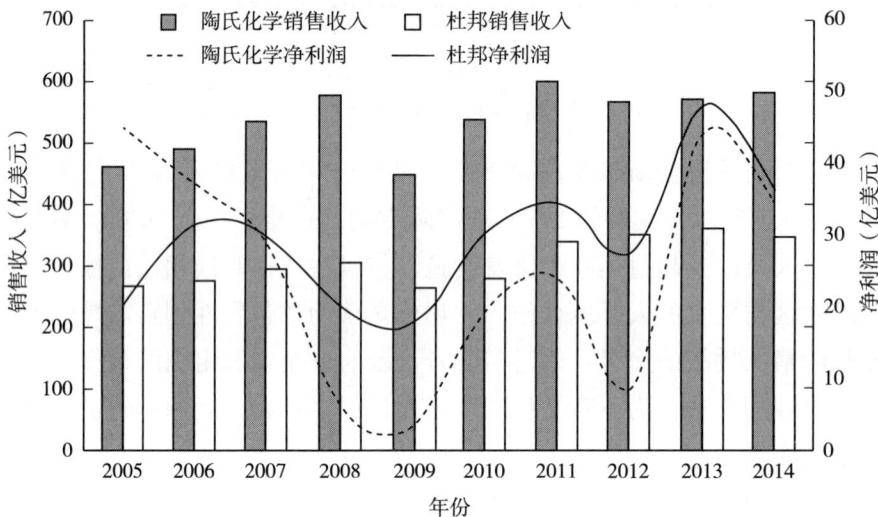

图 6-2　2005—2014 年陶氏与杜邦公司收入利润变化

图 6-2 显示的是陶氏化学公司与杜邦公司的营业收入与利润的对比。陶氏化学的营业收入远超杜邦公司，2011 年陶氏公司的销售收入达到近 600亿美元，但是盈利能力却低于杜邦公司，这从侧面反映出陶氏的规模尽管大于杜邦公司，但经营状况不容乐观。

陶氏化学公司是一家具有领导地位的全球企业，以科学和技术见称，为各个主要消费市场提供创新的化学品、塑料、农用化工产品及服务，年总销售额达 400 亿美元。陶氏的客户遍布全球 175 个国家，所服务的多个市场，包括食品、运输、保健和医药、个人及家居护理、建造与工程等，均是对人类生活发展非常重要的环节。陶氏及全球员工深信可持续发展的原则，在促进经济增长的同时，致力保护环境及为社会作出贡献。陶氏公开承诺，全力支持由化工业界自发倡导的"责任关怀"，致力实现化学品的安全处理。自2000 年开始，陶氏均被道琼斯全球可持续发展指数评为全球化工业界中的"可持续发展领导者"。

早在 20 世纪 30 年代，陶氏已通过代理商开展在大中华地区的业务往来。陶氏香港及台湾办事处分别在 1957 年和 1968 年成立。1979 年，随着中国实行改革开放、陶氏在广州正式设立在华的第一个业务办事处。时至今日，陶氏在大中华地区在北京、上海、广州、台湾和香港设有 5 个办事处。陶氏化学（中国）投资有限公司于 1998 年成立，负责管理陶氏在华所有投资项目。2004 年 8 月，上海正式成为陶氏大中华区的总部。2008 年陶氏在上海张江高科技园区兴建的陶氏中心竣工，其中包括一个先进的研发中心和全球信息技术中心，新中心可容纳 1 600 名员工，成为陶氏亚太区重要的业务和创新中心。

70 多年以来，陶氏充分利用其领先的科技和丰富的经验，一直为大中华地区客户提供优质的产品和服务，配合不断转变的市场需求。时至今日，陶氏已在上海设立大中华地区总部，并在大中华地区设有 5 个业务中心及10 个生产基地，员工约 2 200 人。2006 年陶氏在大中华地区的销售额达 27亿美元。大中华地区已成为陶氏的第三大市场，仅次于美国和德国。

3. 合并背景

2008 年金融危机以来全球经济大幅度下滑，全球大宗商品价格相继出现暴跌，国际油价更是节节下行，与之相关的化工业也相当不景气。在全球经济下行的大背景下，陶氏化学和杜邦公司的整体表现均低于股东预期。据陶氏化学 2015 年三季度报告，营业收入仅 120 亿美元，其中农业部门表现最差，售额下降幅度达 17％以上，亏损 3 900 万美元，同比增加近 2 400 万美元。同时，杜邦公司的销售额也下降了 17％，其农业部门的表现更令人失望，亏损高达 1.54 亿美元。

外部环境恶化、内部经营成本降低的要求正是陶氏化学与杜邦联姻的内外压力，抱团取暖成为各取所需的最好选择。在面对全球宏观经济疲软和市场需求不振的情况下，杜邦和陶氏的投资者出现"专注快速发展业务"的呼声，要求管理层进一步优化业务整合，节约成本，专注于公司的核心业务。在对市场充分了解的基础上，双方开始在某些业务上进行试探性的合作，比如在 2014 年 11 月份陶氏化学与杜邦公司就各自的种业与杀虫剂部门的合作进行过探讨。

二、合并的战略目标确定

1. 战略目标

双方合并的战略目的，是通过合并带来协同效应降低成本，扩大市场份额，巩固双方现有优势地位，改善经营业绩。2015 年陶氏化学市值 561 亿美元，杜邦公司市值为 652 亿美元，合并之后的陶氏杜邦市值约为 1 300 亿美元，超过化工行业最大巨头德国巴斯夫 935 亿美元的市值，成为新的全球化工行业的霸主。但是从营业收入来看合并后的陶氏杜邦同期只有 942.13 亿美元，仍低于巴斯夫。

2. 合并动机

基于上述背景，陶氏化学与杜邦公司合并的动机不是为企业的快速扩张，也不是为了单纯的提高市场份额，而是在经营下滑的情况下通过具有类似业务的整合带来的规模经济效应来削减成本，突出各自的优势部门，最终实现双方的共赢。合并只是权宜之计，最终是通过双方的业务整合拆分，将现有的部门进行重新优化。具体来看，双方合并的动机基于以下几点考量。

首先，杜邦陶氏合并会带来协同效应。协同效应是指并购后竞争力增强，合并后公司业绩比两个公司独立存在时的预期业绩高，简单来说就是 1+1＞2。协同效应来自于合并之后的规模经济效应和范围经济效应以及管理协同效应和财务效应。陶氏化学与杜邦公司在业务部门上既有同质部门也有差异部门，杜邦公司的优势部门在农业与电子通信业，陶氏化学的业务重心在功能材料部门，而在双方的农业业务、聚合物业务、电子材料业务等方面双方具有同质性。通过合并，双方在各自优势部门业务的延伸带来的范围经济以及同质部门规模的扩张带来的规模经济都可以带来成本的节约，提高合并后的公司效益。

　　合并会带来管理协同效应。陶氏杜邦的合并一方面会使管理团队的规模缩小，公司的管理费用相比以前两个独立公司的情况下大大减小，带来单位产品成本的下降；业务部门的重新整合将会使稀缺的管理资源进行优化配置，带来合并后的公司经营效率的提高。管理协同将不仅带来合并后的公司管理成本的下降，更重要的是可以为合并后的公司提供持续的竞争力。

　　合并还会带来财务协同效应。企业并购中产生的财务协同效应是指在企业兼并发生后通过将收购企业的低成本的内部资金投资于被收购企业的高效益项目上从而使兼并后的企业资金使用效益更为提高。杜邦陶氏的合并将增加合并后的公司现金流，可以进一步向优势部门倾斜更多的资源，可以获得更多的投资机会，降低合并后的公司在现有全球宏观经济背景和疲软市场下抵御风险的能力。

　　杜邦陶氏合并后，双方的农业板块在地域和渠道方面具有较强的互补性，陶氏化学和杜邦公司研发平台的交互合作，能更好地实现成本节约和产品的更新换代，而获得更好的潜在增长；而在材料业务领域，双方在原料、研发和生产方面将因规模效应而实现生产、销售、研发和原材料方面的成本控制。根据测算，在陶氏杜邦合并后的两年内或带来约30亿美元的成本协同效应和10亿美元的增长协同效应。在成本协同效应中，材料和农业几乎平分秋色，分别为15亿美元和13亿美元。获得协同效应，节约成本，增强市场竞争力，抱团取暖是两家决定合并的最主要动因。

　　其次，市场整合动机。全球宏观经济环境持续疲软导致市场需求萎缩，使得无论是陶氏化学还是杜邦公司都无法在单一有限的市场获得竞争优势。而合并之后，双方在全球市场布局的趋同性将会形成市场叠加，带来合并后的陶氏杜邦公司市场份额的急剧扩大，市场规模的扩大将会带来效率的提高和经营状况的改善。图6-3反映了陶氏杜邦合并前后在区域市场收入的状况。

　　毫无疑问，陶氏杜邦的合并将会强化其在现有市场上的地位，可以使其获得更大的市场份额。北美洲是其传统市场，合并有助于进一步巩固双方在现有优势市场上的地位；双方合并后在欧洲等地区的销售收入比例有所提高，表明合并后的陶氏杜邦在欧洲等地的市场份额扩张较快。由此可知，获取市场份额也是双方进行合并的一个重要原因。

陶氏

■ 北美地区　■ 中区、印度、欧洲和非洲地区
□ 亚太地区　□ 拉丁美洲地区

杜邦

■ 北美地区
■ 中区、印度、欧洲和非洲地区
□ 亚太地区
□ 拉丁美洲地区

陶氏杜邦

■ 北美地区
■ 中区、印度、欧洲和非洲地区
□ 亚太地区
□ 拉丁美洲地区

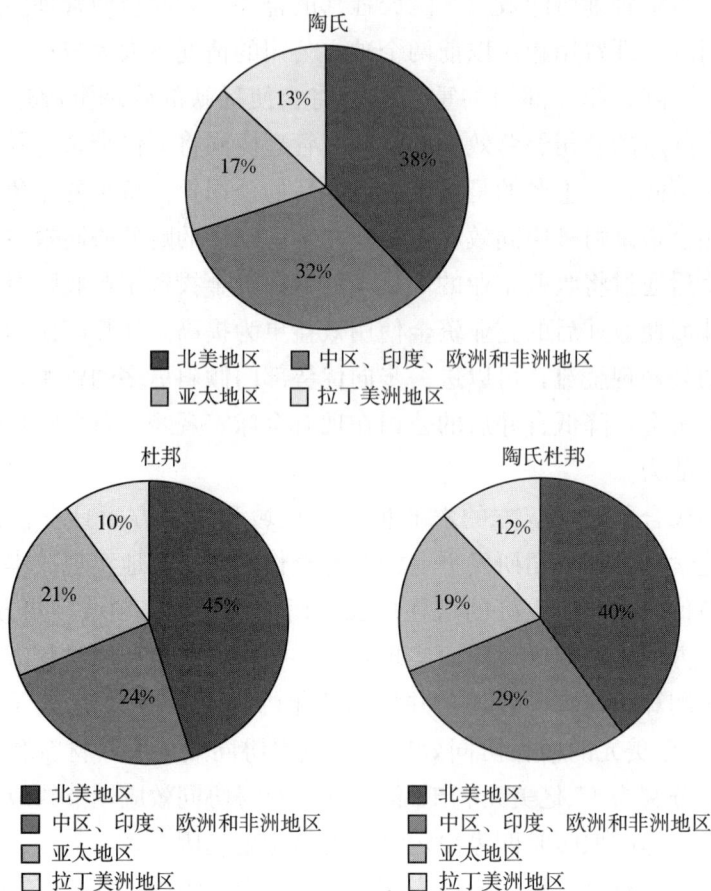

图 6-3　2015 前三季度合并前后的分地区市场收入构成

最后，陶氏化学和杜邦的投资者的并购呼声也是导致双方合并的原因之一。近几年来，陶氏化学和杜邦公司受全球经济不景气的拖累，经营绩效下滑，投资者收益下降明显，投资者要求公司进行整合，增加盈利的呼声越来越高。陶氏化学和杜邦公司的大股东中，很多是大的基金公司，对于公司业绩倾向于追求高期望值和短期回报。陶氏化学公司的投资者要求公司剥离大众化学品和特种化学品，甩掉利润空间低的业务，以确保优势部门盈利的增长。虽然这种单纯以股票上涨回报为导向的战略受到管理层的反对，但在股东意愿的推动下，包括这两家公司在内的很多化工巨头，都寄希望于通过重

组拆分来提高公司的业绩和在资本市场的表现，陶氏化学剥离低利润业务的速度显著加快，提出"到 2015 年底剥离 45 亿～60 亿美元非核心资产"的目标。杜邦公司的投资者则试图将杜邦快速增长的农业和食品业务从电子材料和其他化学品业务中拆分出来，2015 年 7 月，杜邦分拆了其特性化学品业务。2015 年以来，全球进入经济增长放缓及低油价时期，化工巨头们面临增长困境和股东回报的压力。如陶氏化学第三季度虽然整体盈利不错，农业板块利润却出现下跌，杜邦三季度农业板块业绩同样出现跳水。这就给了那些拥有一定股比的激进投资者更多的理由要求公司进行并购、拆分或者其他形式的重组。此次，陶氏化学和杜邦合并，并在细分领域进行拆分，利于充分释放各类业务的市场价值，提高股东回报，符合激进投资者的利益诉求。

三、合并过程

确定合并目标后，双方开始接触，最初的举动是寻求各自旗下的业务部门进行合作，以了解双方的低层次的合作是否会带来业绩提升。在密切的沟通谈判后，双方于北京时间 2015 年 12 月 11 日正式宣布合并，合并后的公司命名为陶氏杜邦公司，自此诞生出全球最大的化工企业，令人瞩目的合并案终于尘埃落定。

1. 合并的形式

合并采用对等方式进行合并，除优先股外，双方各持新公司 50％股份，根据双方谈判结果按照固定比例进行股份兑换。陶氏化学的原股东按照1：1的比例兑换合并后的陶氏杜邦公司股票，而杜邦公司的原股东则按照1：1.282比例兑换新公司的股票。合并完成后，新公司的董事会由 16 名董事构成，双方各 8 名董事。2016 年 5 月 23 日新公司的人事任免宣布，原陶氏化学公司董事长兼首席执行官利伟诚将出任陶氏杜邦公司的执行董事长，杜邦公司董事长兼首席执行官薄瑞廷将担任陶氏杜邦公司的首席执行官。其他职责上，利伟诚还将负责公司的材料科学业务，薄瑞廷负责农业及特种产品业务板块。两位行政官都将向陶氏杜邦公司董事会负责。新公司将在美国密歇根州米德兰和特拉华州威尔明顿设立双总部。

目前，合并交易已获主要相关监管部门批准以及股东同意。新公司的合并具体事宜正在如期的推进，合并后的部门整合预计在 2018 年内完成。至此，陶氏化学与杜邦公司合并的战略目标将变为现实。

2. 合并后的重组计划

双方合并的目标不为简单的规模的扩张，为凸显双方的优势领域，发挥合并的协同效应，合并后的业务重组才是合并的战略目标。陶氏杜邦的新董事会一致同意在合并完成后将着手对新公司的业务部门进行整合。

合并之前，陶氏化学共有五大业务部门，分别为农业科学、功能塑料、功能材料与化学、基础设施解决方案与消费者解决方案；杜邦公司拥有杜邦农业、高性能材料、营养与健康、工业生物技术、安全与防护和电子通讯六大业务部门。根据合并计划，新公司建立后原有的业务部门将整合为农业、材料科学和特种产品三大部门，拆分后的三家公司将独立上市（图 6 - 4）。陶氏杜邦农业部门由合并前杜邦农业与陶氏化学的农业科学部门整合而成；由杜邦公司的高性能材料部门和陶氏化学的功能塑料、功能材料与化学、基础设施解决方案与消费者解决方案部分分拆整合而成；特种产品公司由杜邦公司的营养与健康、工业生物技术、安全与防护和电子通讯业务部门与陶氏消费者解决方案分拆部分整合而成。

从业务整合看出，在农业公司领域由陶氏化学和杜邦公司各自在全球具有领先优势的农业部门实现强强联合整合而成，陶氏化学和杜邦所占比例分别为 40% 和 60%，杜邦占主导。农业公司结合了杜邦和陶氏化学的种子和植物保护业务，合并后的农业公司将拥有全面和多样化的产品组合、强大的产品研发能力。这将给北美和南美农用化学产品和种子市场的欧洲企业带来强有力的竞争威胁。

材料科学则在原有陶氏化学的基础上吸收杜邦公司高性能材料部门整合而成，其中陶氏化学在该板块中占据主导地位，业务收入占比高达 89%，杜邦公司该块业务收入比重为 11%。整合后的材料科学公司将主导包装、运输和建筑等高成长、高附加值行业，整合后的陶氏杜邦的材料科学业务将在全球行业内处于领导地位。

特种产品公司集合了杜邦的营养与健康、工业生物技术、安全与防护、电子与通讯事业部及陶氏化学的电子材料业务。整合后的特种产品公司中原

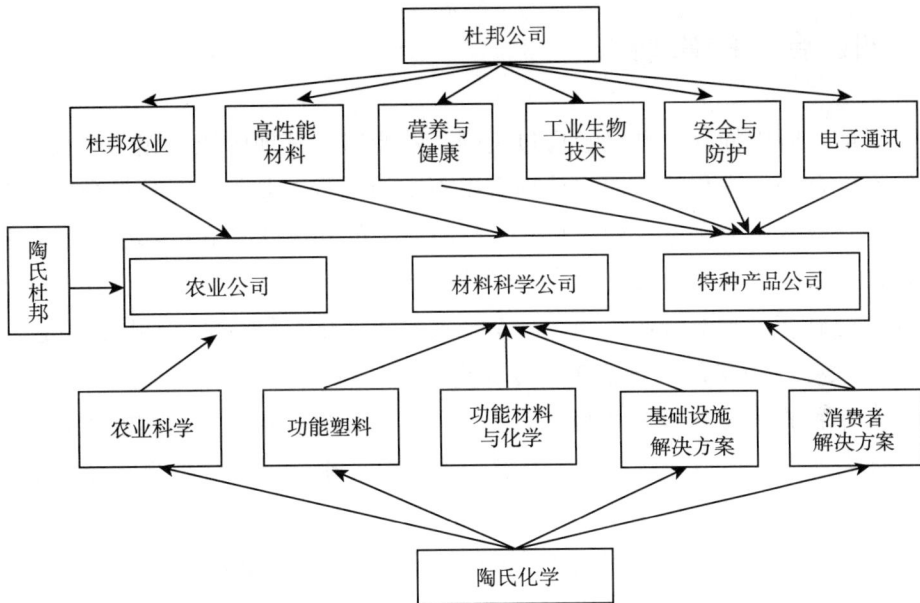

图 6-4 陶氏杜邦业务部门整合计划

有杜邦公司的业务占据绝对主导地位，收入比重为 89%。

　　拆分后的三家公司将拥有更为聚焦的业务、强大的创新能力、全球化的规模和产品组合、集中的资本分配，拥有独特的竞争地位。合并后的陶氏杜邦在全球杀虫剂销售中将占据 16% 左右的份额，成为全球第三大农作物化学产品供应商。陶氏杜邦将在农业领域展现强大的竞争力，扭转先前在农业领域内的颓势。根据 2004 年的数据估计，整合后的农业公司销售额为 190 亿美元，一举超过国际种业巨头孟山都的 159 亿美元和先正达的 151 亿美元，成为全球最大的农业公司。除了农业板块，合并后的陶氏杜邦还将诞生全球顶尖的材料公司和特种产品公司，根据预测新的材料科学公司和特种产品公司的销售额将达到 510 亿美元和 130 亿美元。合并还会带来技术革新能力的提升，陶氏杜邦可能会在下一代半导体、太阳能光伏、电子包装和显示等产品的研发上迅速取得技术突破；在相邻服务和产品组合上实现协同增长；在有机发光二极管和下一代显示设备上实现规模化效应；在亚洲的客户渠道上实现两家公司的互补，其他太阳能和电子公司建立更强有力的联系等，这些都将是两家公司合并后的业务整合所带来的价值和增长动力。

四、合并的影响

目前，陶氏杜邦合并已经通过美国、欧盟以及其他国家的相关监管部门的审查，合并的进程按照原定计划有条不紊的进行，业务的拆分整合也正在进行中。本身作为全球农业、化工、材料巨头的陶氏化学和杜邦公司的合并不仅仅带来双方竞争力提升，自身经营绩效的改善，更重要的是合并后陶氏杜邦将会显著的改变行业格局，甚至带来农业、化工行业的并购潮的兴起。

1. 改变行业格局，行业集中度提高

合并后的陶氏杜邦整合的 3 个子公司在各自的行业领域具有极强的竞争力，极大地提升在行业的地位。从整个农化行业来看，陶氏杜邦已经在市值上超越巴斯夫，但在营业收入上陶氏杜邦为 942.13 亿美元，仍落后巴斯夫的 985.96 亿美元，但合并带来的协同效应以及竞争力的增强，全面超越巴斯夫成为农化新霸主指日可待。

在细分行业上，合并后的陶氏杜邦将在创新与化工材料上成为行业的领导者。陶氏杜邦的农业公司主要包括陶氏化学和杜邦的作物种子和植物保护业务，农业公司将整合陶氏益农、杜邦植物保护和杜邦先锋良种三个公司的优势资源，为农业种植者提供更加全面和互补性的解决方案以及更多的产品组合选择。整合后的农业公司将全面超越美国的孟山都、瑞士先正达、法国的利马格兰等传统农业种业巨头。

在地区结构上，合并后的陶氏杜邦将进一步强化在区域市场的布局，对现有的石化企业带来挑战。北美地区是陶氏杜邦的传统主导市场，北美市场的集中度随着合并将会进一步提高；欧洲、中东、非洲和印度地区是其第二大市场，合并后的收入占比为 29%，由于该地区一方面拥有丰富的资源，大量的人口与庞大的农业格局使该地区同时具有高、中、低市场，也是各农业巨头必争之地。在亚太地区，尤其是中国大陆地区收入持续的增长带来的市场增长潜力也成为市场争夺的焦点，区域内的农化企业对陶氏杜邦的合并持有警觉的态度，并在寻求对策。拉美地区是世界重要的农产品生产与出口地区之一，合并后的陶氏杜邦营业收入中 12% 来自于该地区，陶氏杜邦会一如既往地保持在该市场上的领先地位，随和合并，在该地区影响力将持续增长。

毫无疑问，陶氏化学和杜邦公司的成功合并明显改变了现有行业格局，尤其在农化、种子领域，这将在提升陶氏杜邦地位的同时给行业内的竞争对手带来压力，行业的竞争可能会加剧。行业集中度的提高对于终端客户来说也不是一个好消息，美洲地区的农民在得知这一合并消息后显得很是担忧，因为这两家巨头原本在该地区的种子、农药上处于垄断地位，合并将会进一步增强他们的市场力量。

2. 可能会带来并购潮

陶氏杜邦合并带来的示范性和竞争压力将会引起行业内合并潮。其实在全球经济不景气的大背景下，很多跨国巨头在此之前也在考虑并购的可能性，以减轻市场压力，满足股东对盈利和快速增长的要求。瑞士咨询公司Helvea 预测，美国陶氏化学和杜邦的合并将会对欧洲的竞争对手产生巨大的影响，当美国出现一个新的化工巨头后，欧洲的化工企业可能会进行一系列的大规模合并，以抗衡对手，维持自身在全球格局中的地位。

事实上，在陶氏化学和杜邦接触合并的同期内，其他的化学、农业巨头也在接触讨论关于收购与合并的可能性。孟山都、先正达、中国化工等化工巨头都表达出并购的强烈兴趣。陶氏杜邦合并坐实之后，美国的种业巨头孟山都向瑞士的先正达发出第二次收购要约，出价 470 亿美元，但再次被先正达拒绝。随后传出中国化工有意收购先正达，但也被拒绝，理由是出于监管方面的担忧。在经多轮接触后，2016 年 2 月 3 日，中国化工和先正达宣布中国化工将以 430 亿美元的全现金报价，收购先正达公司 100％股份。中国化工对先正达的收购可以视作对陶氏化学和杜邦公司合并的反应，在接下来可能在农化行业我们可以看到更多的合并，甚至这一影响会传导到其他行业，合并做大做强将是巨头们在全球经济不景气的大环境下抱团取暖，应对竞争压力的一个很好的选择。

五、案例启示

1. 选择合适并购对象，强强合作

这一点对于国内的农业龙头企业来说尤为重要。当然我们可以通过小步快走的方式，在海外业务拓展的时候通过持续的收购小目标也可以实现海外业务的拓展，但这一进程较长，在全球化、信息化的今天，市场机会稍纵即逝，而且小目标自身资源有限，难以在横向、纵向形成全面的协同效应，收购后的整合意义不大。所以国内的大企业应该抓住全球经济波动的机会，选择那些自身资源丰富，具有领域内核心竞争力的大公司进行收购。若收购成功，不仅可以获得业务上的整合、核心技术优势以弥补自身的弱势部门，还可借对方的渠道快速切入全球市场，占据产业链的上游。中国化工收购先正达就是一个很好的例子，若能通过美国及欧盟的收购批准，中国化工将获得先正达在转基因种子等方面的核心优势，借助先正达的全球渠道，中国化工将在这一基础上拓展自身在全球的经营水平，实现全球战略布局。这一收购不仅对于企业的全球战略实现至关重要，对中国的粮食安全、种业安全也是极具意义的。

2. 选择合理收购方式，实现成本最小化

陶氏化学与杜邦之间的合并选择了成本较小的换股合并方式，这种选择既可以解决企业筹资难的问题，又可以避免由于债务过多、利息负担过重而对企业财务状况造成不良影响。对于被并购企业来说，换股交易可以避免现金交易造成的纳税问题，又可以分享新企业继续成长等好处，还可以获得并购带来股价上涨的收益。因此，若出于收购成本考虑以及融资存在问题的情况下，在国内企业海外并购中尽可能采用这一方式进行并购。这一收购方式的缺点是换股双方组成新的公司，无法在保持收购主体构架下100%获得对方的全部股权。因此，要有针对性地选择合理的收购方式。在国内企业，尤其是国有企业的合并中可以选择这种方式进行合并。

3. 收购后的业务整合是收购目标能否达成的关键

陶氏杜邦不是简单地追求大体量，而是合并后业务分拆与整合。因此，合并是暂时的，合是为了更好的分。国内企业在海外收购时要能大合大开，这样才能充分发挥出收购后协同效应，充分利用整合后的优势资源实现全球布局。

在中国，就化工行业来说很多的企业在业务领域存在重叠，这些化工企业如果能够合进行合并，不仅可以降低成本，做大市场、提高行业整体竞争力，还可以积极有效地与这些全球性巨头在国内市场上相抗衡。目前，中国正在积极推动石油化工产业链领域的改革。在油气勘探、开发、管道、分销、加油站等领域的国家层面主导的改革，可以借鉴陶氏化学和杜邦公司的先合并后拆分的方式，进一步激活市场，实现资源的优化配置。在中国种子行业中也存在这样的问题，国内众多的种子企业各自为政，但大多效率低下，不仅缺乏核心技术，也缺乏市场经验，缺乏全球经营的渠道。如果能够对国内的种子企业进行整合，毫无疑问会带来竞争力的加强，尽管离陶氏杜邦还有很长的距离。

第七章　河南经海：农业项目的
　　　　　产业链打造

一、公司概况

河南省经研银海种业有限公司（以下简称"河南经海公司"）于 2007 年 11 月注册成立，注册资本 3 000 万元人民币，是一家集农作物种子研发、种子生产、种子加工、销售、技术服务与输出于一体的科研型、现代化、国际化种业公司。河南经海公司是国家"一带一路"、2016—2020 年农业"走出去"重点支持单位、"十三五"时期重点支持的农业"走出去"种子企业、中国境外农业开发产业联盟企业。河南经海公司拥有农业部颁发的种子经营许可证（种子进出口）、中国海关技术与农产品进出口自行报关资质、塔吉克斯坦农业部种子进出口许可证。

河南经海公司是郑州市农业产业化重点龙头企业、商务部批准的河南省首家在境外投资的种业公司，也是中国首家在国外注册和审定自由知识产权品种的种业公司。

二、发展历程与模式

（一）走出去历程

河南经海公司从 2008 年开始，与中亚各国尤其是吉尔吉斯斯坦、哈萨克斯坦、塔吉克斯坦等相继开展国际农业合作，并在塔吉克斯坦投资设立农业企业、建立农业产业园区。2008—2010 年间，河南经海公司与吉尔吉斯斯坦、哈萨克斯坦开展农业示范园和新品种展示，并经营种子出口业务、技术输出业务等。继而在 2011 年 9 月 24 日，河南经海公司与塔吉克斯坦农业部签署《塔吉克斯坦共和国农业部与中国河南省经研银海种业有限公司农业领域合作书》。同年 12 月，河南经海公司在塔吉克斯坦注册成立了"中塔农业合作委员会"，河南经海公司是中塔农业合作委员会唯一企业成员。

2012—2015 年，河南经海公司连续 3 年在塔吉克斯坦哈德隆州亚湾区承担了中国农业部国际农业交流与合作项目，在塔吉克斯坦建立了"中国农业科技示范园"。2013 年 5 月 20 日，习近平主席与塔吉克斯坦共和国总统拉赫蒙签署了《中华人民共和国和塔吉克斯坦共和国关于建立战略伙伴关系的联合宣言》，宣言中提出尽快在塔吉克斯坦建设"中塔农业技术示范中心"和农业产业园区。2014 年 9 月 13 日，上合组织杜尚别元首峰会期间，中塔两国元首在杜尚别签署了《中塔关于进一步发展和深化战略伙伴关系的联合宣言》，宣言再次提出推进建设农业科技示范园，加大农业技术的推广和应用。

由此，中塔两国元首再次把加快和深化两国农业合作提到重要日程。期间，由中国外交部王毅外长代表中方签署的《中华人民共和国农业部与塔吉克斯坦共和国农业部关于共建中塔农业科技示范中心的谅解备忘录》，备忘录指定经海公司承担两国农业部合作的科技示范中心的建设任务。2015 年 12 月 3 日，中国农业"走出去"部级联席会议将河南经海公司列为中国"十三五"规划支持农业"走出去"首批十三家企业之列，成为唯一支持的以种业"走出去"的农业企业，成为国家农业"走出去"发展布局的重要行业的重点企业。

2011—2015 年，河南经海公司在塔吉克斯坦亚湾区承担农业部农业科技示范园项目，改造了科技示范园区的水、电、路等基础设施；建设科研育种基地和种子生产基地；建设种子加工厂；与中牟天邦产品开发有限公司联合在塔吉克建设 800 亩地的蔬菜生产基地。

具体建设内容有：①建设棉花、玉米高产示范田（节水滴灌技术）；杂交玉米制种田（节水滴灌技术）；蔬菜大棚与露地蔬菜基地。②架设示范中心用电电路及配套电力设施。③改造现有水利设施、提灌站、河道疏浚。④示范中心购买大型拖拉机、联合整地机、铺膜播种机、中耕机、打药机、小麦玉米收获机；蔬菜示范种植基地，大棚深水井和高压滴灌设备，蔬菜基地专用小型机械。⑤建设种子加工车间与储存仓库；棉花种子加工线和玉米小麦种子加工线。

中塔农业科技示范园区和中塔加工园区项目的发展历程鲜明地体现了河南经海公司"走出去"的总体发展情况。

1. 中塔农业科技示范园区项目

2011 年 8 月，中国农业部与塔吉克斯坦农业部签署农业合作备忘录。2011 年 9 月，塔吉克斯坦农业部与河南经海公司签订农业合作协议。2011 年 12 月，河南经海公司在塔吉克斯坦成功注册独资公司。2012 年 2 月，河南经海公司与当地政府签署了 453 公顷国有土地 49 年使用协议。2012 年 4 月，河南经海公司开始农业科技示范园建设项目。示范园区每年开展新品种的展示和推广会，选育了适合当地的早熟优质小麦、棉花、玉米品种；开展培训塔吉克斯坦当地的农业技术人员；展示了河南先进的农机具，培训了当地大批农机技术人员；安排了大批当地劳动力就业；深受当地人民的欢迎，得到塔吉克斯坦政府高层的高度赞扬。

2. 中塔加工园区项目

2013 年 7 月，河南经海公司开建种子加工园区，并于 2014 年 4 月获得新品种知识产权。河南经海公司对于加工园区的建设，包括硬件建设和软件建设两方面。在硬件建设方面积极建设办公楼、职工宿舍楼，开设种子加工厂、棉花加工厂等方面。在软件建设方面，努力开展农业科研，成功在塔吉克斯坦取得新品种注册证书；并对农作物新品种和新技术进行广泛推广与示范，积极推动高产种子生产与推广；不断开展现代农业机械示范、推广，加强对农业技术人员的培训，并在此基础之上开展蔬菜种植基地建设。

目前河南经海公司已在塔吉克投资共计 1.2 亿人民币，科技示范园区建设了 155 公顷高产示范田，80 公顷科研基地。加工园区础建设完成了道路、电力、水井、晒场、种子加工厂，办公楼、职工宿舍楼，种子储存仓库建设。

（二）发展模式

河南经海公司"走出去"的发展模式，首先主要是围绕自身主业，即种业科技搭建走出去平台，在塔吉克斯坦建设境外农业科技示范园区，带动企业走出去。这一过程从被动式的国际化向主动式的国际化转变，立足于企业自身的种业优势项目和企业长期的经营经验，并依托企业优越的技术优势和科技研发优势，构建中塔示范园区，从而发挥示范园区的示范作用，扩大企业在塔吉克斯坦的影响力和知名度。

其次，河南经海公司在示范园区巨大的示范作用带动下开始扩展其他业务能力，通过在塔吉克斯坦设厂建立生产加工园区，提升合作层次。河南经海公司在种业方面有着一定的科技创新能力，以从示范园区的科技种业的推广切入，逐步建立在塔吉克斯坦的种业销售网络渠道为出发点，最终向建厂加工等国际化合作方式迈进，在塔吉克斯坦建立生产加工园区，推动了过剩产能向外转移，响应中央供给侧改革号召。

1. 多元化发展策略

从发展业务看，首先，横向来看，河南经海公司由发展小麦、棉花、玉米的业务起步，后逐渐扩展到蔬菜等农业领域、不断拓宽经营业务，增强业务多样性；其次，纵向来看，河南经海公司不仅仅局限于种业生产推广和销售环节，还通过运用市场规律，进入农产品产业链的各个环节，形成了农产品"生产—加工—仓储—销售"的精细化产业链。

从发展方向看，河南经海公司成立于郑州市，是郑州市的龙头企业，作为当地的优势企业，不仅仅局限于国内的发展。为拓宽国外市场，激发公司经营活力，2008 年在塔吉克斯坦以农业示范园区为突破口，推广和发展自身的业务能力，继而不断深入塔吉克斯坦的种业加工市场。

从发展策略来看，河南经海公司以农业示范园区为起点，发挥自身的优势项目，推广和销售企业的优势产品，继而在推广的深入化后，建设公司在塔吉克斯坦的生产加工园区，从而实现了河南经海公司在境外产业链的精细化。

2. 高度整合的产业链发展模式

河南经海公司建立了"以种业为突破，兼具生产、加工、收储、销售的全产业链"模式。公司首先在种业生产环节建立核心能力，发挥企业的科研创新的突破力，以加工、收储、销售作为支撑，以信息服务和金融体系为保障，采取高度垂直的业务模式，形成完整的产业链。此外，还建立合理的资产分布，追求更高的运行效率和更大的整体效益，最终形成竞争优势，达到对整条产业链的整体控制。高度整合的发展模式，使得河南经海公司在各个环节做到分散风险，真正提高了河南经海公司的核心竞争力。

3. 以研发为中心，开发科技种子

首先，河南经海公司凭借高研发投入，不断研发新技术和新产品，开发科技种子，保持市场竞争力。河南经海公司设立之初，就通过深入研发高产量的科技种子而在国内的同行企业中脱颖而出，在转战塔吉克斯坦市场中，凭借着优势种子而迅速占据市场。后期，河南经海公司专注于农产品加工业务，农产品加工研发的持续成功促使公司业务快速增长。

三、成果和效益

（一）示范园区开创塔吉克斯坦高产种植模式

河南经海公司在塔吉克斯坦高产示范园区种植的棉花产量达到了6吨/公顷（当地产量3吨/公顷）、玉米产量达到了9吨/公顷（当地产量4吨/公顷）、小麦产量达到了7.5吨/公顷（当地产量3吨/公顷），创造了塔吉克斯坦的高产纪录。特别是早熟玉米的推广应用，开创塔吉克斯坦一年两熟的新的高产种植模式。并且与河南天邦农产品开发公司联合建立的800亩蔬菜大棚生产基地，每年向塔吉克斯坦供应优质蔬菜3 000吨，大大缓解了塔吉克斯坦冬季蔬菜严重紧缺的局面。

（二）种子占有率不断提高，科技科研彰显影响力

河南经海公司高科技种子对产量的贡献率显著，种子加工厂在塔吉克斯坦独一无二。优良种子在塔吉克斯坦的市场需求量急增，发展空间大。4年来，河南经海公司在塔吉克斯坦开展了农业科研、农业新品种、新技术示范推广，取得了塔吉克斯坦农业部新品种审定证书4个，河南经海公司生产销售的棉花种子占塔吉克斯坦市场份额超过40％，玉米杂交种占有率高达90％。目前，河南经海公司在塔吉克斯坦生产的种子棉花种子普及率已接近30％，玉米种子的推广普及率接近60％，小麦种子的生产普及率10％。河南经海公司也成为在塔吉克斯坦首家拥有自主知识产权的外国农业公司。

（三）带动塔吉克斯坦就业率，促进国内产能转移

河南经海公司强化技术试验示范，不仅带动了塔吉克斯坦的就业率，也促进了国内产能向塔吉克斯坦转移。通过农业科技示范中心的建设和农业新技术的推广，40％的塔吉克斯坦人直接或间接受益，每年科技园直接解决塔

吉克斯坦大约300～400人的就业问题，每年培训活动中直接培训塔吉克斯坦农业技术人员达3 000人。并且河南经海公司充分发挥示范园区牵头引领作用，完善农业产业链，助推国内化肥、面粉厂、淀粉厂、棉籽油加工厂、建设饲料厂、农机修造厂、大型养殖与屠宰场等国内企业产能向塔吉克斯坦的转移。

（四）双方领导高度重视，两国友谊不断加深

河南经海公司在塔吉克斯坦示范园区项目取得的成果，引领塔吉克斯坦农业最高水平，其示范作用得到充分发挥。在解决塔吉克斯坦粮食短缺、棉花低产等问题上的成效，深受塔吉克斯坦政府赞扬，多次受到塔吉克斯坦总统、中国驻塔吉克斯坦大使馆范先荣大使、塔吉克斯坦副总理阿里马尔东、塔吉克斯坦农业部卡西莫夫部长表扬。时任中国农业部牛盾副部长、农业部国际合作司、农业部对外经济合作中心、科技部领导到园区和基地参观考察，也给予高度评价。河南经海公司立足塔吉克斯坦辐射中亚走向世界，做好塔吉克斯坦科技示范园等项目，为中国农业"走出去"，做一个可借鉴、可复制的成功的模式。

四、有关经验

（一）谨慎选择种业投资国，防范政治法律风险

种业企业"走出去"的首要关注因素是投资国的政治经济环境的稳定性。河南经海公司在塔吉克斯坦的种业发展在政治经济方面相对而言阻力不大，然而如非洲一些发展中国家虽然农业生产条件很好，但是由于其政局紊乱，新一任领导可能会修改或者取消前任领导的相关产业政策，导致企业的前期投入有所损耗，甚至无法收回。政策的连续性差，必然会影响企业的发展，使企业损失很大。因而种业投资方面要防范东道国的政治风险，以避免出现严重损失。

其次，东道国政府对于中国的态度偏好以及吸引外商投资的态度也会影响企业"走出去"的发展。部分国家基于公众和利益集团的压力或国家战略决策需要，对于外商投资也会设置一些政治性障碍，会给种业企业带来巨大

的风险。从河南经海公司的"走出去"历程来看，由于塔吉克斯坦政府对于外来投资的偏好，极大程度上促进了河南经海公司在塔吉克斯坦的发展。由此可见政府的影响作用很大，在选择种业投资国家的时候必须主动了解东道国对于种业投资的偏好程度。

最后，每个国家的法律法规并不是一成不变的，相关的法律法规的废除、修改或新立必将影响着原有的企业发展规划和市场交往规则，这种法律的不确定性将导致种业企业经营活动的不确定因素增多，增加企业的经营风险。

（二）合理确定走出去"种子"，缓解自然风险压力

种子的生产和应用需要在适宜的自然条件下进行，其受到自然风险的限制也显得比其他农业行业更加明显。种子的质量优劣多体现在种植过程中，而在种植的过程中其受到自然环境的影响尤为剧烈。当产生诸如冰雹、干旱等异常气候和虫灾等自然灾害时，企业对于这种自然风险难以预测，且难以有预见性的加以控制，一方面种子种植难以获得很好的产量，另一方面，自然风险容易与种子经营风险交织在一起，若处理不当容易引发农民群体事件，从而给种业企业带来严重的负面效应。

因此，种业企业"走出去"，首先要建设海外农作物育种研发中心和海外育种试验站，注重保持创新优势，继续深化企业自身种子在当地的比较优势。同时加强针对目标国家的新品种种子的研发创新，也可以在政策允许范围之内，与当地种质资源开展联合培育，通过企业自身的研发和努力，选育和推广适宜目标国家自然条件、农民耕种和生产的种子。其次，种子的质量表达对于种业企业的发展十分重要，"走出去"企业同时也要专注于研究与选育和生产的种子相配套的农业作物的栽培技术，多次开展农业生产技术示范与技能培训活动，帮助农民学习和采取规范的栽培方法，通过"良种＋良法"的有效方式，降低作物种植的自然风险。

（三）深入调研目标市场，规避种子经营风险

种子从选育，到产出、销售，再到贮藏，直至售后各个过程都关乎着种子经营的成败。首先，种子的选育需要企业进行市场的考察以选择适宜本地

种植的种子，并进行育种，而由于育种的时间周期长，需要投入大量的人力、物力和财力，其成本投入巨大，风险也就越大。其次，而在未来的产出结果实际上存在着明显不确定性，一是产出量的不确定性，二是市场销售的不确定性，无法预知市场失灵的存在。这种在产出和销售上的不确定性同时也增加了投入的风险性。再次，对于种子贮藏的要求较高，仓储条件严苛。最后，种子售后存在较大的风险性。种子销售出去并不代表着整个经营过程的结束，种子的售后服务也很重要。由于种子的质量评估指标较为复杂，有些指标无法及时检测，只有播种后在实际生长过程当中才能发现和检验。这种不确定，给种子的当期经营和未来经营带来了大量的不确定因素。因此，种子企业需要全面做好东道国的市场调研，以降低和规避出口种子的意外经营风险。

（四）优化人力资本和产业链结构，降低管理风险

企业"走出去"不仅需要资金和技术的支持，对于企业管理的高要求也很有必要。而目前我国的种业企业的海外经营管理短板的现状，也使种子企业"走出去"存在较大风险。"走出去"企业需要大量能够深入了解投资国的农业市场、农业政策和风土人情的人才存在。其次，还需要既会外语，又具有农业跨国经营管理经验的管理人才。

因此，降低管理风险，种业企业首先要优化企业内部的人力资本结构和促进专项人才培养。其次，要有效整合国内优势资源，以种业企业为龙头，从而拉动种植业、畜牧业、渔业、农机业等关联企业以产业链的模式在目标国发展，并通过培育跨国农业技术推广体系，以辐射到目标国家周边的市场，从而形成稳定可持续的公司发展模式。这种发展模式可以参考河南经海公司采用以种业带动其他产业链的发展，促进企业产业抱团发展，形成集团化发展的过程。

五、案例启示

（一）增强公司诚信，强化技术基础

一个公司的发展在一定程度上是以公司的诚信和技术为基础。河南经海

公司被评为企业信用评价 A 级信用企业，并于 2011 年被河南省农业厅评为河南省农业科技工作先进单位，同时也是郑州市农业产业化经营重点龙头企业，并获得了企业境外投资证书，这些都是一个公司走出去的强大的支撑。公司要不断强化自身的技术基础，坚持诚信经营，从产品技术和企业诚信上推广和深化影响力。

（二）选择和分析市场，符合国家战略

中塔相邻，战略位置重要，农业互补性强。塔吉克斯坦农业基础条件差，农业产量低下，粮食短缺问题严重，大量依赖进口，因而粮食合作空间和市场需求空间大。并且塔吉克斯坦贸易政策宽松，国际贸易通道畅通，市场潜力大，项目的风险性小。加强河南经海公司与塔吉克斯坦的农业合作，既符合中国发展战略，又符合塔吉克斯坦亟待解决粮食短缺的愿望，加强中塔友谊，互惠互利，维护中国边疆稳定，意义重大。并且在农业部、外交部的大力支持下以及两国元首的共同关注与推进中，河南经海公司更有利于实现"走出去"的发展战略。

（三）促进集团化发展，增强抵御风险能力

在塔吉克斯坦农业发展过程中，促进形成比较完善的农业产业链，农业企业组成集团化，有利于抵御企业内部和外部的不良及恶性竞争，有利于企业良性发展。集团化发展，增强集团协调发展能力，抱团上市，以打造塔吉克斯坦农业行业龙头。河南经海公司在塔吉克斯坦发展过程中逐步集团化，成为中国农业企业发展的明星企业集团，为中国农业海外发展树立典范。

（四）科学的企业管理，有效的销售策略

河南经海公司管理模式科学合理，管理制度严格按照 ISO 企业管理标准执行。在生产管理方面，生产、加工程序和标准参照国内、紧靠国际标准。采用国内外员工共用，国内骨干人员带动，安排塔吉克斯坦人员劳动就业的模式。在销售市场的选择上，产品销售瞄准塔吉克斯坦国内和国际市场；充分利用现有的物流与贸易优势，市场立足塔吉克斯坦，贸易走向全世界，为中国农业"走出去"做出一个可复制的模式。

第八章　雷沃重工：搭建全球化农业运管体系

一、公司概况

雷沃重工股份有限公司（以下简称"雷沃重工公司"）成立于1998年，总部位于山东省潍坊市。经过近20年的发展，雷沃重工公司业务范围涵盖农业装备、工程机械、车辆、金融＋互联网四大业务板块，拥有完善的核心零部件（发动机、变速箱、车桥）黄金产业链；在山东、天津、黑龙江等省市建有7大生产制造基地，日益发展成长为国内领先的大型农机装备制造企业和行业标杆性企业、具有全球竞争力的世界级主流机械装备制造企业。作为国内农机装备制造的龙头骨干企业，雷沃重工公司是国内唯一可提供现代农业全程机械化解决方案的企业。目前，雷沃重工公司员工1.5万人，形成了70多个产品系列、5 000余种产品资源。"十二五"期间，雷沃重工公司累计实现营业收入1 008亿元，利润25.7亿元，上缴利税41.40亿元。截至2016年底，雷沃重工公司资产总额161亿元，品牌价值405.18亿元，位列中国五百最具价值品牌榜第76位。到2020年，雷沃重工公司力争实现业务收入1 500亿元，成为"世界非公路行走机械装备领导者"。

二、公司走出去历程与模式

雷沃重工公司作为国内装备制造业的骨干企业，同时也是农机行业"一带一路"的先行者，其"走出去"的过程也是中国装备制造业转型升级、实现从"大"到"强"蜕变的一个缩影。雷沃重工公司在"全球研发、中国制造、全球分销"的特色发展模式下，通过构筑全球化研发体系，海外并购阿波斯、马特马克、高登尼等全球高端农业装备品牌，具备了完善的海外全价值链运营基础。整体来看，雷沃重工公司全球化战略开启了一个独到的"三步走模式"。

首先，在海外建立高端研发平台，依托研发平台在开展技术攻关突破的同时，积聚人才和资源逐步累积属地化运营经验，实现国际化运营团队的培育和打造；其次，依托海外研发平台和优秀团队兼并重组整合当地优良资产；最后，搭建起完整的海外属地化运营平台，打造全球化企业。雷沃重工公司"走出去"的模式，不单单是把产品和服务简单的销往国外，更重要的是通过对全球资源的整合，实现全球研发和全球采购销售，提高产品的技术和水平，使产品水平能够与国际品牌持平。此种方式相较于过去一些企业走出去直接设立海外工厂，或者直接依托国内团队海外并购的方式更加稳健，综合成本更低，国内外文化的整合过程也更加自然有效，全球化之路水到渠成。这种模式所体现的是主动化的过程，是一个企业主动顺应全球化过程，主动参与到农业走出去的过程中，整合国外优质的技术和人才资源，构筑国外技术和人才体系，通过并购的方式，把握国外市场，从而实现海外业务由"一般贸易"到"属地化运营"的转型，以构建全球化运营体系。

雷沃重工公司创新海外业务发展模式，初步实现了在全球高端农机市场的战略布局，打造了一条农机企业的"黄金产业链"，使公司的全球市场竞争力得到显著提升。往更高层次看，吸收国际先进技术，将其应用并推广于中国农业和粮食生产中，对于推动国家农业机械化和农业现代化发展，保障国家粮食安全也能起到积极的作用。

（一）扩大农机出口，建立全国农机营销体系

雷沃重工公司于 2005 年成立国际贸易有限公司，开始拓展海外市场，不断创新海外业务模式。目前，公司已在全球 120 个国家和地区，拥有 230 余家经销商，设立 15 家国外办事处，成为行业内全球化步伐最快，最稳健的企业之一。2015 年，雷沃重工公司实现出口 1.1 亿美元。

在品牌培育方面，公司已经完成 93 个国家 LOVOL 品牌的注册，基本覆盖了公司出口的主销区域；在自主创新能力培育方面，加大了大马力拖拉机动力换挡产品、大喂入量收获机械产品以及大吨位挖掘机产品等高端技术平台产品的开发投入。

海外农业装备业务方面，经过十余年的发展，产品覆盖拖拉机、收货机械和农机具，远销全球 180 多个国家和地区，逐步建立了以独联体、东南亚、非洲、南美等核心市场，覆盖全球的销售体系，并逐步进入意大利、法国、北美等高端农机市场。

2016 年，中国拖拉机行业出口同比增长 3.4％，雷沃大幅度增长 15.8％，继续巩固行业第一的排名；中国收货机械行业同比下降 1.1％，雷沃大幅度增长 71.2％，稳居国产品牌前三，竞争优势进一步体现。

海外工程机械业务方面，聚焦雷沃装载机、挖掘机，产品销售覆盖全球 100 多个国家和地区，建立了以俄罗斯、巴西、印度为战略市场，印度尼西亚、沙特、哈萨克斯坦等为区域运营中心的总体战略策划。

2016 年，在中国装载机行业出口大幅度下滑 17％，雷沃实现了 73％的逆势增长，出口排名由第七升至第五；中国挖掘机行业出口基本持平，雷沃实现了 50％的上升，在战略聚焦市场实现了较大幅度的提升，竞争优势进一步体现。

（二）构建全球研发体系，提升科技创新能力

一直以来，国内企业与世界顶级机械装备制造商在技术水平、研发能力等方面存在着较大差距。随着国外农机制造商加速进入中国市场，雷沃重工公司清醒地意识到，全球化竞争下，只有主动走出国门掌握核心技术跨入"全球主流"之列，才能获得健康可持续发展。

雷沃重工公司坚持创新驱动，整合国内外高端人力资源和技术资源，在意大利和日本建立海外研发中心，创新雷沃全球研发体系，抢占行业技术的"制高点"，不断增强产品的核心竞争力，实现技术与世界同步。

2011 年，雷沃重工在意大利博洛尼亚正式成立欧洲研发中心，主要负责新技术平台拖拉机、大喂入量谷物收获机研发。经过 5 年多的努力，该中心所承担的全新动力换挡技术大马力拖拉机即将全面投入市场；同时，雷沃重工公司进一步加快全球化的进程，以欧洲研发中心为平台，逐步进行属地化经营，开辟出营销、服务等多项职能，在欧洲市场稳扎稳打。

2013 年，雷沃重工借鉴欧洲研发中心的成功做法，在日本大阪设立了工程机械研发中心，重点突破液压、电控等工程机械关键核心技术，为雷沃

工程机械的产品研发提供了向世界看齐的平台。

同时，雷沃重工把核心技术突破作为企业持续发展的动力，每年拿出销售收入的 3%～5% 作为研发经费，2010 年至今已累计投入研发经费 30 亿元人民币，其中欧洲研发中心投入研发经费超过 10 亿元。为全面提升产品试制水平，公司着力推进三个能力中心和两个试制实验中心建设，逐步建立了以农业装备产业为主体的车身能力中心和传动能力中心，以工程机械产业为主体的液压、电控能力中心；建成农业装备试制实验中心和工程机械试制实验中心，进一步提高关键核心零部件的制造能力和试制实验能力。目前，动力换挡拖拉机、大喂入量收货机械等战略产品开发取得了突破性进展，申请各项专利 1 100 余件，其中海外专利 4 项，主持、参与 63 项国家标准和 7 项行业标准的制定、修订。

（三）实施海外并购，整合高端优质资源

1. 并购阿波斯品牌，大型收获机械技术迈入"世界级"门槛

作为国内最大的农业装备企业，雷沃重工公司目前在国内收获机械等市场已连续多年保持行业领先，技术创新和产品开发同样走在了行业前头。但是由于国内农业装备制造企业相较于跨国巨头起步晚，积累少，在高端技术领域相比约翰迪尔、久保田等国际高端品牌，在产品、技术等层面仍有一定差距，在全球化竞争中相对弱势。

2015 年 1 月，雷沃重工公司全资收购意大利阿波斯（ARBOS）公司。意大利阿波斯公司是一家以高端收获机械为核心业务的意大利企业。ARBOS 品牌的母公司于 1896 年在意大利成立，主要产品为收获机械、拖拉机、干草机。ARBOS 在 20 世纪 70 年代到 90 年代，以其技术先进的逐稿器收割机在欧洲盛极一时，被誉为意大利国宝级品牌，有 119 年悠久历史的 ARBOS 品牌堪称一代经典，拥有很深的品牌沉淀和技术积累。20 世纪 70 年代，中国第一批农业代表团访问意大利考察取经时曾访问过意大利阿波斯公司。

收购意大利阿波斯公司是雷沃重工公司全球化战略的重要里程碑。此次成功收购意大利阿波斯公司，进一步提升了雷沃重工公司在大喂入量收货机械逐稿器技术的突破。雷沃重工公司在完成对阿波斯公司的收购后，通过后

期有效的技术整合和转化，可以大大提升在高端收货机械领域的技术实力，填补了国内大型收货技术的空白，由此雷沃重工公司收获机械业务技术水平跻身世界先进行列。

雷沃重工公司此次并购更深层的意义在于通过整合全球高端资源，迈过了通往全球市场的门槛。

2. 并购马特马克品牌，填补国内精量播种机技术和产品空白

2015 年 1 月 8 日，雷沃重工公司全资收购全球高端农机具企业意大利马特马克（Mater Macc）公司。意大利马特马克公司成立于 1983 年，是欧洲乃至全球高端农机具企业，在世界一流播种机品牌中马特马克位列全球第五，业务覆盖全系列精量播种机机、条播机、蔬菜播种机、中耕机产品，拥有世界一流的自助知识产权播种机排种器和电控系统核心技术。Mater Macc 农机具产品在中国有较好的市场基础。

此次战略收购，填补了中国高端农机具尤其是气吸式精量播种机的技术和产品空白，为雷沃重工公司的可持续发展奠定了更加坚实的基础，对于提升中国农机具业务在国外市场的竞争力和品牌影响力具有重要的意义。

在雷沃重工公司完成收购后，进一步开发和完善了在全球市场特别是中国市场的产品组合，并已开始在潍坊实现产品技术的转化。

雷沃重工公司在对意大利顶尖企业这种填补空白式并购，除了在较短的时间内实现开拓新市场、进入新业务、达到提升企业某个领域技术和产品能力的目的，更深层次的意义在于通过整合全球高端资源，开通了通往全球市场的门槛。

3. 并购高登尼品牌，拥有欧洲三大高端农机品牌

2015 年上半年，雷沃重工公司并购完成欧洲果园拖拉机，高登尼（Goldoni）。高登尼并购完成后，雷沃阿波斯集团已拥有"阿波斯"、"马特马克"、"高登尼"三大高端农机品牌。高登尼公司成立于 1926 年，坐落在意大利摩德纳市。主要生产葡萄园及果园专用型拖拉机（25 - 110HP）、葡萄园及果园型多用途运输（25 - 70HP），园艺拖拉机技术全球一流。其中，Boxter 型拖拉机荣获 EIMA 国际农机展"技术创新奖"。高登尼产品市场覆盖整个欧盟国家，海外市场主要包括北美、南美、中东、北非、大洋洲等80 多个国家。

4. 成立雷沃阿波斯邹舟，全球化战略提速

欧洲在"一带一路"建设布局中占有突出重要地位，也是雷沃重工全球化转略带核心区域。经过历时五年的布局和资源整合，2015 年 9 月 15 日，雷沃重工公司在意大利正式成立雷沃阿波斯集团股份有限公司（LOVOL-ARBOS Group SpA，简称"雷沃阿波斯欧洲"），该公司整合原雷沃欧洲技术中心、阿波斯、马特马克工厂资源，形成全价值链的业务运营平台，成为雷沃重工公司开拓国际高端农业装备市场的重要支撑。

雷沃阿波斯欧洲是雷沃重工公司在意大利的全资子公司，作为雷沃欧洲业务的总部，主要负责动力换挡拖拉机、大型谷物收获机械和精量播种机等高端农机具业的运营。雷沃阿波斯欧洲现有欧洲籍员工数量超过 400 人，在欧洲所占工业面积达 30 万平方米。目前，雷沃阿波斯欧洲已初步建设成为面向欧美市场的高端农业装备研发、采购、制造、营销基地和运营管理中心，初步搭建了雷沃阿波斯农业装备业务"中国总部＋欧洲"的全球运营体系。雷沃阿波斯欧洲的成立，将为雷沃全球化战略的推进和雷沃欧洲业务的快速拓展提供更加强大的推动力。

2015 年 11 月 8 日，在全球最大的汉诺威农机展上，由雷沃阿波斯欧洲推出的阿波斯 5000、6000、7000 三个平台的拖拉机产品正式全球发布，一举突破了国内拖拉机产品尚不能自主的"动力换挡"技术，并在与国际顶尖品牌拖拉机同台竞争中，被来自欧洲 23 个国家的拖拉机行业媒体组成的评审团授予"欧洲年度拖拉机银奖"。这是国内农机产品获得的首个国际奖项。

5. 海外业务由"一般贸易"向"属地化运营"转型

雷沃重工公司在不断加大研发力度、推动产品升级的基础上，坚持营销创新，主动"走出去"，开拓营销渠道，全面推动产品、服务、网络等营销能力升级。

目前，雷沃重工公司已建成覆盖全球 120 多个国家和地区的 300 多家分销网络，在战略市场和重点市场建立了 9 家海外办事处和 10 家配件中心，并在巴西、俄罗斯、土耳其、乌克兰等战略国家注册属地国家销售公司，形成了集"销售、服务、配件供应、用户培训与信息反馈"五位一体的全球营销服务网络体系。

作为农机行业"一带一路"的先行者，雷沃除了在"一带一路"沿线进行海外并购、推进属地化运营，其直接贸易也取得了不俗的成绩，"一带一路"的相关贸易出口量占据了公司出口总量的10%以上。

三、存在的主要问题及风险

（一）农机公司海外投资后劲不足

农机行业的利润水平较低，并且由于农机产业的特殊性，其前期投资成本巨大，包括农业机械产品的研发、生产，基础设施的大成本投入等。这种特殊性以及利润回收的长期性，使得农机公司的资金紧张。这必然会使得农机公司在进行技术创新、制造能力升级、海外服务和配件中心建设等方面的再投入能力十分有限，从而制约公司"走出去"步伐。

（二）政府支持政策不足

因为资金紧张而急需国家的优惠农机购置政策和信贷支持政策，但政府的支持政策明显不足，突出表现在：一是农机公司海外并购的相关审批手续仍很繁琐、时间很长，这在一定程度上影响并购进程；二是国内生产环节增值税高征低扣且留抵额不予退税，造成雷沃重工公司超过6亿元的留抵税额长期挂账，严重影响公司现金流，进而影响公司可持续发展；三是缺乏有效的金融支持，农机公司海外并购资金筹措困难；四是金融补贴资金较低，作用不明显。

（三）人民币汇率变动带来不利影响

近年来，人民币不断升值，部分国家货币大幅贬值，出口附加值不断降低，这导致农机公司"走出去"承受汇率变动风险的能力越来越低，这对农机公司海外市场的拓展和产品国际竞争力的提升带来不利影响。

（四）东道国政策限制过多

一是东道国存在本土产品保护和补贴等非关税壁垒、排放和认证等技术壁垒，使农机公司海外市场开发成本进一步增加；二是到主要目标市场国家的签证办理较为复杂，如南美、东欧等；三是一些发展中国家政局不稳、动荡不安，对农机公司的国际贸易和"走出去"产生不利影响。

（五）农机产业"走出去"缺乏统筹

目前，中国尚没有专门机构来协调和指导农机公司"走出去"，走出去的各个农机公司各自为战，缺乏统一的规划和布局，很难发挥中国农机公司在国际竞争中的整体优势。需要政府能够统一规划，加强农机公司"走出去"的管理规范化，避免农机公司"走出去"各自为战而导致核心竞争力不强，产生经营风险。

四、未来打算与计划

（一）未来全球化战略：搭建"1＋5"全球化运营管控体系

未来雷沃重工公司将继续实施全球化战略，搭建"1＋5"全球运营管控体系。"1"指以中国为中心，建立全球管理总部和产业化中心。"5"指五个海外区域运营管理中心：以意大利为中心，辐射欧洲和非洲市场；以俄罗斯为中心，辐射俄罗斯和中亚市场；以美国为中心，辐射北美市场；以巴西为中心，辐射南美市场；以泰国为中心，辐射东南亚和南亚市场。总体目标是推动雷沃重工 2020 战略实施，打造世界级企业，实现从区域型企业到全球型企业转变。

从"走出去"的情况来看，雷沃重工的"走出去"，达到了企业快速获得先进技术、管理经验，在较短的时间内实现开拓新市场、进入新业务，提升企业技术和产品能力的目的，带动了企业乃至行业的转型升级。未来雷沃重工将继续升华"四个转型"，即"企业由制造业向制造服务业转型，技术由全球低端向全球中高端转型、产品由小型向大型转型、市场由国内企业向全球转型"，加快向全球价值链中高端攀升。

（二）加快实施"走出去"战略

1. 根据海外市场需求特征，提升产品品质，积极推动产品认证

目前，雷沃重工公司在海外销售的产品，已经取得了欧盟、美国、俄罗斯等国的 EC、EPA、GOST 等产品的认证，产品顺利进入目标市场，产品表现逐步获得了海外客户的认可。未来，要进一步了解国际产品认证标准，使雷沃产品更好适应海外客户的需求，促进雷沃重工公司更好"走出去"。

2. 推动海外办事处及营销组织建设，不断提升全球服务与配件保障能力

截至 2016 年 11 月，雷沃重工公司已在美国、俄罗斯、利比亚、蒙古、乌克兰等国家或者地区建立 A 级以上服务中心 161 家，在阿尔及利亚设立办事处。2016 年 1—11 月，海外服务中心、办事处对 50 多个国家提供农机销售服务和售后支持，外派人次超过 120 人次。下一步，雷沃重工公司要进一步推动海外办事处及营销组织建设，充分发挥全方位的服务和配件保障能力，保障海外业务稳步发展。未来几年，雷沃重工公司计划在意大利建设辐射欧洲区域的全球分销中心，并对俄罗斯、蒙古配件中心职能及储备结构进行升级，实现区域市场配件的快速补给。

3. 进一步加强与泰国开泰银行的战略合作，领航农机海外金融

2017 年 3 月 15 日，雷沃重工公司与泰国开泰银行签署战略合作协议，为其在泰国及东盟地区的业务拓展提供融资、现金管理、国际结算、信息咨询、量身定制金融产品等服务。开泰银行是泰国和东盟区域具有影响力的大型国际性银行，在中国国内也有七家分支机构，具有独特优势。双方的战略合作，势必将充分发挥各自优势，实现互惠互利，携手共赢。双方战略合作协议的签订，表明开泰银行随时准备力助雷沃重工等这样有实力的中国企业到泰国和东盟区域进一步发展，也开启了国内农机公司在"一带一路"沿线国家就地取金，创新农机海外金融服务的新探索。未来几年，雷沃重工公司要进一步加强与泰国开泰银行的战略合作，领航农机海外金融。

五、案例启示

雷沃重工公司"走出去"的"三步走"模式和全球营销服务网络体系，一方面将推向更为广阔的全球化市场，另一方面也为中国农机企业"走出去"、参与全球竞争提供了一个可供借鉴的新范本。第一，雷沃阿波斯欧洲的正式成立及其成功运营是雷沃重工公司全球化战略的标志性一步，也是中国农机企业全面走向国际化的标志性一步。雷沃重工公司"走出去"不只是限于出口产品，更为重要的是在全球范围内整合资源尤其是高端资源、农机产品进入国际主流品牌行列。出口产品是国际化的初级形式或者说低级阶段，全球整合资源、打造国际主流品牌才是真正、更具意义的国际化。第二，雷沃重工公司全球化战略的实施，让中国农机企业看到了转型升级的希望，让中国农机企业和农机产业链整体"走出去"有了更多可能与想象，有利于提振中国农机企业"走出去"的信心。第三，雷沃重工公司进一步深化全球化战略有了支撑点，包括国际化、属地化的研发团队和营销团队、国际化和让国外受众产生心理认同的农机品牌等。雷沃重工公司从"走出去"过程中获得的更大的优势是，未来可以利用国外团队将具有强大性价比优势的国内"雷沃造"销售到国外；把欧洲的农机装备技术同步于国内生产，把国外先进技术跟国内产品进行嫁接，提高在中国农机产品的适用性、可靠性与先进性。

1. 正确树立战略思想，科学构建企业发展模式

雷沃重工公司树立了正确的"走出去"战略思想，主要以业务战略和产品战略为出发点，在"互联网＋"的时代背景下，构建"产业＋互联网"发展战略，以最终实现全球化战略的发展目标。雷沃重工公司"走出去"是全球化战略目标实现的一个有力证明。雷沃重工公司的"走出去"模式的科学化表明了，对于公司而言发展模式的重要性。这启示我们，公司在"走出去"的历程中必须正确树立战略思想，从而构建适宜的企业发展模式。

2. 整合海外资源，树立品牌效应

全球化是雷沃重工公司的长期战略，为推动全球化步伐，雷沃重工公司不断开拓进取，以国际化视野为主导，整合全球优势资源。相继并购了海外的三大品牌，阿波斯、马特马克、高登尼等全球高端农业装备品牌，具备了完善的海外全价值链运营基础，坚持把雷沃重工打造成世界非公路行走机械装备领先品牌。品牌对于一个公司的营销和发展来说是重中之重，也是公司可持续发展的动力，雷沃企业将外国三大品牌并购，产生了巨大的品牌效应，实现了农机产品由"一般贸易"到"属地化运营"的发展模式。

3. 构建全球研发体系，坚持创新驱动发展

雷沃重工公司"走出去"的起点是构建海外研发中心，提高企业自身的研发创新水平，从而提升企业的核心竞争力。雷沃重工公司坚持创新驱动发展，加大海外出口产品的开发力度，在技术研发端大力推进欧洲和日本研发中心建设，积极构筑和完善创新、研发体系，整合国内外高端人才资源和技术资源，在意大利和日本大阪建立海外研发中心，创新雷沃全球研发体系，两大研发中心互动整合，面向全球抢占人才、技术制高点，实现技术的提升，有效满足企业全球化发展的需求。这种创新驱动发展的理念，不仅使得雷沃重工公司在农机中高端技术领域达到了与世界同步，更重要的是影响和带动了国内研发理念、技术和管理升级，实现雷沃核心业务技术升级。

4. 培育优秀人才资源，构筑全球化人才体系

实施创新驱动，人才是关键。多年来，雷沃重工公司把人才作为企业内涵增长的重要支撑，制定出台一系列引入人才的优惠政策，依托各类创新研发平台，吸引、培养优秀专业人才，打造科学合理的人才梯队。目前，雷沃重工公司已建成一支包含欧美、日本专家在内的国际化人才队伍，搭建起包含 40 余名企业家、400 余名国际化人才、1 500 余名管理人才、1 500 名专业技术人才、1 500 余名营销人才、3 000 多名高级技能人才在内的总量达到 8 000 余人的庞大人才体系，人才数量及结构均领先于国内同行企业。特别是在技术研发队伍方面，拥有研发人员 2 000 余人，其中国外专家型人才 60 多人，1 人入选国家"外专千人计划"，试制测试人员 500 多人。

第九章　山东国经：海外产业园区建设

一、公司概况

中国山东国际经济技术合作公司（以下简称"山东国经公司"）是1984年经国务院批准成立的大型综合涉外企业。山东国经公司一直坚持从实际出发，积极探索，按国际惯例运作，抓住"规模、层次、市场、人才、信息、效益"六大要素，业务领域不断拓展，经营规模不断扩大，经营层次不断提高，取得了较大的发展。2008年，山东国经公司成为山东省最大国有企业山东高速集团的全资子公司，业务涵盖国际承包工程、对外经济技术援助、境外投资、人力资源合作与交流、留学服务、对外劳务等，是山东高速集团的国际化战略平台，也是山东省重要的对外交流合作窗口。

目前，集团注册资本150亿元，年经营收入近400亿元，利税总额34亿元，资产总额突破3 500亿元，负债率58％，资产规模居山东省省管企业第一位，经营业绩位居山东省省管企业和全国同行业前列。

二、公司"走出去"的策略及成效

（一）制定有效的市场发展战略，提高市场覆盖率

山东国经公司作为山东省最大国有企业山东高速集团实施"走出去"战略的平台，基于对于市场状况的分析和自身优势的把握，及时构建了自身的发展战略，并取得了较好的成效。山东国经公司自1984年起，相继承建了援刚果（金）农业项目、援厄瓜多尔农业项目、援斐济农业项目等与农业有关的国家重点援外项目以及世界银行的农业灌溉工程等项目。

（二）以苏丹开拓为重点，优化市场结构

市场是企业的生命线。近年来，山东国经公司通过开拓一个市场、巩固一个市场，成熟一个市场、从而带动一批市场的模式，不仅在国际竞争中站稳了脚跟，而且，建立了较为合理的市场结构，为业务发展奠定了坚实的基础。

2008 年，山东国经公司与山东省农业科学院承建了中国政府援苏丹农业技术示范中心。示范中心位于苏丹格达雷夫州法乌镇，占地面积 65 公顷，于 2009 年 9 月正式开工，2011 年 3 月竣工并通过商务部验收，2011 年 6 月正式移交苏丹政府。在通过示范中心的技术示范、推广和技术培训等活动后，苏丹棉花单产提高 2～3 倍，玉米单产提高 2～3 倍，花生单产提高 2～3 倍，油葵单产提高 0.5～1 倍。尤其是示范中心推广的棉花品种，已连续四年占苏丹棉花种植面积的 90％以上，苏丹全国的棉花种植面积已由 2010 年的 14 150 公顷提高到目前的 10 万公顷。通过示范中心的影响，已带动不少国内企业、技术和农资"走出去"。援苏丹农业技术示范中心已成为中国政府援非农业示范中心的标杆工程，为推动中苏农业合作做出了重要贡献。

（三）扩大业务规模，提高经营层次

近年来，随着世界经济的复苏，国际承包市场正逐步走出低谷，项目趋于大型化，这为山东国经公司的发展带来了新的机遇。为此，山东国经公司采取了有力措施，积极扩大企业规模和业务范围。

2011 年，凭借在苏丹近 15 年的项目管理经验和在当地积累的丰富的人力、物力、社会资源，经过深入细致的调研论证，山东国经公司与山东省农科院合资成立了以种业研发为主业的金色农业发展有限公司，与山东鲁棉集团合资成立新纪元农业投资公司，以棉花种业开发、种植生产、加工及后续产业链为切入点，开展对苏丹的农业投资和合作，在苏丹注册成立苏丹新纪元农业发展有限公司，注册资本 1 500 万美元，其中山东国经公司占 51％股权，山东鲁棉占 49％股权。

山东国经公司已经办理了在苏丹从事种子生产、经营和农药进口、经营

等相关资质，并已经具备一定的科技实验、示范能力，目前已有多个农作物品种通过当地机构的审定。目前，公司投资的 4 万亩棉花良种繁育基地已经成形，在已投入运营的棉花加工车间正常经营的基础上，种子加工车间、剥绒车间也在 2015 年建成投产，公司根据苏丹棉花产地区域特征布局第二及第三个收储加工点工作展开，完成后将覆盖 150 万亩棉花产区。棉花种植、合作种植、加工、农资、农机、贸易的产业链和购销网络初步形成。山东国经公司在苏丹投资额已近 3 000 万美元，是苏丹农业领域投资规模最大的中资企业。通过示范中心和大农业投资项目，带动了苏丹传统农业生产方式的改进和农民生产管理水平的提高，推行的"公司＋农户"种植模式，得到苏丹政府高度认可，产生了广泛影响。

（四）巩固中苏合作，推进构建产业园区

2015 年 12 月 3 日，中非合作论坛约翰内斯堡峰会期间，在苏丹第一副总统巴克利见证下，山东国经公司与苏丹农业部、拉哈德灌区共同签署了建立中苏农业产业园区的协议，标志着山东国经公司积极推动的中苏农业产业园区建设迈出了实质性一步。

山东国经公司着力推进中苏农业产业园区的构建，以互利共赢、优势互补、产业链开发、可持续发展、统筹规划、分步实施、机制创新为原则，搞好产业发展规划，建立中苏农业产业平台，吸引国内外优秀企业入驻园区合作。在目前与农机企业、下游纺织企业建立的战略联盟基础上，延伸产业链，逐步建成集良种繁育基地到农产品加工、物流、贸易全产业链的一园多区，争取原料、产品、服务、销售等各环节实现效益最大化，将园区打造成为具有一定影响力的中国农业"走出去"领军示范单位。

按照产业园区的十年工作计划，目前已开始以下几项工作的磋商与操作：种质资源研发；棉花栽培等技术推广；棉花加工厂扩建及新建；农机合作服务基地建设；纺织厂建设。并将在未来陆续推动以下各项工作：棉花种植基地扩建；油葵生产基地建设；食用油生产基地建设；苜蓿生产基地建设；冷链存储及加工；建立国内贸易平台。

三、投资风险与规避

（一）密切关注目标市场，避免市场经营风险

企业对于目标市场的选择，是公司经营成功与否的关键性因素。山东国经公司选取了苏丹作为主要的境外投资国，是建立在多次调研和深入分析的基础之上的，这一目标市场的选择给企业带来了一定程度上的发展，使得企业更好地实现"走出去"的目标战略。因此，企业在"走出去"的过程中，首当其冲的是要密切掌握目标市场的宏观经济环境和微观经济动态。首先，企业必须投入大量的成本，包括时间、资金和人员等，以便尽可能详细和真实地获取目标市场的宏观经济环境，包括宏观经济政策，农业发展状况，对中国贸易态度等等；其次，对微观经济动态的考察，则必须要求企业能够派遣相关专业研究人员深入目标国家进行分析和掌握。相关的研究人员不仅仅要掌握目标国家在农业和种植业的具体实施的政策信息，更重要的是在调查的过程中深入到目标国家的各个基层主要生产基地进行实地考察，以便更好地选择农业市场推广的区域。当然，研究人员在考察过程中最好能够充分融入地方生活，与当地的农民和企业密切交往，从而能够了解当地的风俗习惯，避免一些因国家差异而产生的问题。

（二）防控自然、社会和政治风险，减少投资成本

种植业企业"走出去"所面临的风险不仅仅包括自然风险，还包括社会风险和政治风险。从自然风险上来说，种植业要求目标国家的气候变化平稳，自然条件符合种植物的存活要求等；从社会风险上来看，要求目标国家在农业基础设施方面相对完备，农资市场供应方面灵活有保障，农业保险方面发展优良。从政治风险角度上考虑，"走出去"企业必须把握好目标国家的政策倾向和农业市场管理规则等，政策的连贯性和倾向性以及市场的成熟度和稳定性都将影响着"走出去"企业的发展状况。故而，企业要时时刻刻注意与当地政府、企业、农民等各方建立良好的交往关系，注意各方之间的沟通与交流，降低政治风险带来的负面效应。因此，种植业企业在"走出去"的过程中一定要做好风险管控措施，降低各类风险带来的负外部性，避

免因风险管控不良而导致企业经营失败的问题。

（三）把控种苗问题，避免种植风险

种苗问题是关乎着种植业"走出去"的程度。首先，种苗的质量问题会直接产生巨大的种植风险，这主要体现在幼苗的质量管控上。幼苗经过培育进行移栽大田的过程中，倘若幼苗因存在诸如种苗未发育完全，根系过少等质量问题，这时进行移栽将会导致幼苗难以适应大田的种植环境，从而产生生长缓慢，甚至大量的死苗的现象，进而导致产量锐减。这种种植风险需要企业在对待种苗问题上一定要严格筛选幼苗，掌握种植技术。其次，对于种植品种的选择也是企业需要认真考虑的问题，因为种植品种的适应性和利用价值也会带来一定的种植风险。这要求企业要能够对市场有宏观上的把握，企业要对于目标市场进行深入考察，分析现有市场的实况，并依照市场规律对市场进行预测，以便做出正确的选择，减少因品种问题带来的影响。最后，"走出去"企业要慎重确定种植的规模。在境外进行种植业的投资风险巨大，规模越大其风险程度越高，这要求企业不仅仅要关注种植品种和种苗质量，还要针对种植规模做具体的规划。对于企业来说，选择合适的种植规模才能确保种植能够获得较高的经济效益。

四、案例启示

在海外从事农业合作多年，山东国经公司经历了风风雨雨，品尝了酸甜苦辣，成功与挫折相伴，在摸索中总结，在曲折中前行，积累了一些农业对外合作的经验。归纳起来，有以下几点启示。

（一）确定最合适的国家，尽量避免主要风险

山东国经公司选择在苏丹进行农业合作与投资，主要基于以下几个原因：苏丹耕地面积广阔，土地肥沃，光热、水资源丰富，土地平坦，天然无污染，丰富的自然资源使苏丹曾经被联合国评价为"世界粮仓"；苏丹是中国的传统友好国家，绝大多数苏丹人民对中国人都很友善，传统农业区更是民风淳朴；随着南苏丹的独立，石油产量急剧减少，苏丹政府对农业更加重

视，总统巴希尔也把农业视为苏丹永恒的石油；中苏两国农业有着较强的互补性，取长补短，互通有无。

因而，山东国经公司在继续发展的过程中，更要发挥苏丹市场的积极作用，稳步加大在苏丹现有大农业投资项目的投入，按照投资计划，分步骤实施，从而获得更好的"走出去"成果。

（二）筛选最适宜的产业，科学排定先后次序

从 2007 年有意向参与苏丹农牧业领域工作开始，山东国经公司与相关科研单位一起，累计派出 20 多批次专家团队，先后对苏丹进行实地的综合型和针对性考察、调研，内容涉及畜牧养殖、粮食作物、经济作物等，足迹遍及 10 多个州，行程累计数万公里。目的是将山东国经公司及合作伙伴的优势与当地社会和民众的需求结合起来，对拟投资项目进行实事求是、认真仔细、客观公正的可行性研究，经过反复论证，多次及时调整思路，最终形成了以棉花产业作为突破口、苜蓿产业作为二期投资方向的产业格局。

（三）摆正最合理的定位，认真准备基础工作

山东国经公司一直认为，合理定位十分重要，主要体现在以下几个方面：首先，所从事的农业投资项目要有一定的技术含量，这样可以规避被竞相模仿的风险，并减少恶性竞争，通过援苏丹示范中心多年来踏实的基础工作，他们已经形成了一定的技术积累，并拥有了多项成果，可以转化到产业经营中。其次，项目投资设备和设施时，其配置力求具有一定先进性，并能可持续配套使用，使项目建成后具有一定竞争优势。第三，在充分利用现有公用设施和土地资源、关键技术、设备及管理技术力争达到一流水平的同时，如何将中国先进的种质资源和耕作技术，与苏丹当地传统的作物品种和耕作习惯进行有效的结合，也是他们一直努力的方向。如果不这么做，相关农业合作就存在着根基不牢、不易推广的潜在风险。第四，作为山东国经公司最基础和最重要的工作是坚守承诺和本职工作，公司要继续做好各援外农业项目的日常管理，履行承诺，做好基础工作。

（四）加强最必要的联系，充分利用各方资源

从山东国经公司在苏丹十几年的工作经验来看，在苏丹投资经营，管理风险最大，其次为经济风险，第三是气候土地风险，第四是法律风险，而政治风险最低，这与苏丹的实际情况基本吻合。相关的风险是可以通过自身的努力，分门别类地进行有效地规避与化解。因此，作为投资企业应加强经营管理，选择合作条件好和基础设施较完善的产业基地，提高产品质量，积极开拓国内外市场，尽快提高项目收益以便最大限度地规避风险。

而如何做好这些工作，就不可避免地需要与各方交流，作为苏丹中资农业企业会长单位，山东国经公司历来注重加强与中国驻苏丹使馆、经商处的联络，及时了解最新政策、信息与时局动态，避免走弯路；重视与当地灌区、农协等机构和组织的沟通，使投资项目的开展建立在最务实、最稳固的基础上；重视强化与当地农业主管部门和农业科研单位的合作；重视与其他中资、外资企业的积极合作，使各方资源为我所用。

（五）树立最务实的心态，积极融入当地社会

能否把农业"走出去"做大、做强、做久，很大程度上取决于项目能否真正融入当地社会，为此，山东国经公司努力做到：尽量雇用当地人员，解决就业问题，在当地树立良好口碑。扩大属地化层次，培训当地的管理人员，扩大社会影响还能减少管理成本。土地使用及消防、环境保护、安全设施建设等符合当地法规和惯例。在投资项目产生一定收益后，按照承诺做一些公益慈善项目，回馈当地社会，构建和谐的投资氛围，有利于项目的长期稳定发展。

第十章 光明乳业：跨国并购风险规避与业务整合

光明乳业是中国乳制品企业最早走出国门，对外进行乳业收购的企业。2010 年 7 月，光明乳业与新西兰新莱特达成协议，由光明乳业出资 8 200 万新西兰元收购新莱特 51％的股权，并与同年 11 月份完成出资和股权交割，光明乳业正式成为新莱特的控股股东，迈出光明乳业对外收购的关键一步。

成功收购新莱特之后，基于成功收购新莱特及整合的经验上，光明乳业继续通过收购向海外扩张。2011 年 8 月，光明乳业成功收购澳大利亚食品公司马纳森 75％的股权；2012 年 6 月成功收购维他麦公司 60％的股权；2012 年 6 月成功收购法国葡萄酒经销商 Diva 公司 70％的股权；2014 年 1 月收购西澳大利亚 Mundeclla Fodds 公司；2014 年 5 月收购以色列食品公司 Tnuva 公司 56％的股权，此笔交易为光明乳业交易金额最大的一笔海外收购案，涉及金额高达 134 亿元人民币。在 2010 年至 2014 年的 5 年时间内，光明乳业总共进行 10 宗海外收购案，成功 6 起，失败 4 起，其中收购新莱特是光明乳业第一次收购成功的案例。因此对该案例的分析不仅对光明后续成功进行海外收购具有指导意义，同时对中国未来海外农业投资企业的成功收购具有一定的借鉴意义。

一、并购双方基本情况

1. 光明乳业基本情况

光明乳业股份有限公司（光明乳业）是由光明食品（集团）有限公司、社会公众资本组成的产权多元化股份制上市公司。光明乳业业务渊源始于 1911 年，经过 100 多年的不断发展，逐步确立以各类乳制品的开发、生产和销售为主营业务，是中国高端乳品引领者。光明乳业股份有限公司成立于

1996 年，是由国资、社会公众资本组成的产权多元化股份制上市公司，从事乳和乳制品的开发、生产和销售，奶牛的饲养、培育，物流配送，营养保健食品开发、生产和销售等业务，是目前国内最大规模的乳制品生产、销售企业之一。

2000 年，上海光明乳业有限公司完成股份制改制，并于 2002 年成功在上海证券交易所 A 股市场（代码 600597）上市交易；2003 年，更名为光明乳业股份有限公司。2014 年，光明乳业在华东地区市场占有率为 22%；其中上海地区达到 40%，全国排名领先。新鲜牛奶，市场排名第一，占全国新鲜牛奶市场份额的 51%，占华东地区市场份额的 83%；新鲜酸奶在全国市场占有率为 25%，占华东地区的 44%；常温牛奶在全国市场占有率为 1.2%，占华东地区的 5.3%，占上海地区的 15%。2014 年销售业绩首次突破双百亿，达到了 204 亿元。

作为国内乳品前三强企业，光明乳业销售额与规模仅次于伊利、蒙牛之后。2016 年 7 月 13 日发布的中国 500 强排行榜，光明乳业位居"中国 500 强企业"的 279 名。

2. 新莱特基本情况

新莱特乳品公司成立于 2005，位于新西兰乳品业最发达的南岛 Canterbury 地区。新莱特乳品公司前期股东为恒天然公司，主要业务是为恒天然公司提供鲜奶。2007 年开始独立并自己建厂，工厂于 2008 年正式投产。由于该地区环境适宜，草场丰富，牧草长绿，乳品资源丰富，新莱特乳品公司迅速成长为新西兰五大乳制品加工商之一。

2008 年受全球经济危机的影响，原料奶与高端奶粉价格大幅下降，刚有起色的新莱特乳品公司同样受到波及，导致连续两年亏损。且一号工厂的加工容量已饱和，扩大规模迫切需要建设二号工厂，高额的建厂费用对处于亏损中的新莱特乳品公司而言已无力负担，糟糕的财务状况也导致其很难在当地寻求融资帮助。因此，新莱特乳品公司将目光放到海外，求跨国并购。

二、收购背景及动机

一般来说，跨国并购行为的产生是宏观经济条件、行业背景和企业动机的综合结果。国内宏观经济不景气，市场需求疲软，促使企业外部市场需求，行业的扩张会带来对原材料的需求而导致企业走向海外需求资源保障，而企业的动机则是多方面的。既有寻求原材料供给保障，寻求市场的动机，也有实现全球战略目标实现，在全球进行资源配置，进行全球竞争，获取竞争优势的制高点的动机。

1. 行业背景

进入 21 世纪以来，中国居民收入水平的快速增长带来乳制品需求的增长，我国乳制品行业迎来快速发展阶段，我国奶制品生产量增速也大大高于世界平均值，但我国人均乳制品需求量与西方国家相比还有很大的差距。2000 年以来，多大中城市的消费者习惯每周饮用多次鲜奶，把牛奶作为日常食品饮用，鲜牛奶的消费者人口结构越来越稳定。

在 2008 年的"三聚氰胺"事件带来的危机之后，行业状况逐渐好转，2010 年，国乳制品行业总产量有较大增长，与此同时，乳品行业因为饲料价格和气候等因素导致原材料价格上涨，制品行业利润总额并没有得到明显的提升，市场竞争激烈，制品行业效益不高。尽管我国乳制品产量位居世界第三位，乳品行业发展迅速，但是行业的基础不牢，且乳制品质量检测标准低，早先的生产标准已经不能适应人们对食品质量的高要求，为打破这一格局，国内乳业为树立品牌形象纷纷把视线转向质量安全相对较高的海外市场，通过对外收购来获得充足的、高品质的奶源供应。正是基于我国奶源供应不足，材料价格上涨等市场问题和乳制品质量安全问题，国内资金充足的乳制品制造商开始考虑海外并购，拓展市场，获取竞争优势。光明乳业在这样的行业大背景下开始进行海外并购目标的选择，最终将自己的并购目标选定为新莱特乳业，并购后的一段时间内，国内对牛奶的需求量将持续增加，对牛奶质量也提出了更高的要求，为光明乳业并购新莱特产生协同效应奠定了良好的市场基础。

2. 并购动机

光明乳业国际化战略发展的需要。随着国内对乳制品需求的增长与光明乳业所处地域限制，难以获得充足、高品质的奶源供给，市场地位难以有效提升，光明乳业一直在考虑通过对外并购的方式进行国际化以保障奶源的供应。从 2008 年起，光明集团开始实行海外并购战略，划海外版图，拓展海外市场。光明乳业作为光明集团中的核心子公司，须寻求海外优质资源、优质企业才能实现集团整体布局目标，只有这样才能保证产品质量。在并购新莱特之前光明乳业也有三次不成功的收购记录。

提高企业在全球范围内的声誉。光明此次并购新莱特，有助全球食品集成分销平台的搭建，助于全球食品的采购、集成、分销、物流体系的打造，有助于国际市场网络渠道的延伸与拓展，最终提升光明的全球影响力。

获得并购的协同效应。新西兰气候适宜，水充沛，宜牧草的生长，为牛羊的生长提供了优良的环境。新西兰以畜牧农业为主，工业污染少，特殊的环境使得新西兰乳制品成为国际上公认的高质量乳制品。新莱特乳品公司拥有充足的自营牧场与优质的原料奶及高端婴幼儿配方奶粉的生产技术与配方，都是光明乳业所急需资源。光明乳业通过并购新莱特可以获得其质优价廉的原料奶资源，有稳定的奶源基地。通过成本优势，降低原料成本，而降低销售成本，增加利润。光明乳业在常温奶市场占有率一直处于较低水平，远落后于伊利与蒙牛。近年来国内婴幼儿配方奶粉的销量迅速增长，其在国家放开"二胎"政策后，特别是中高档婴幼儿配方奶粉的市场需求具有极大的扩张潜力。针对以上现状，光明乳业将战略由以往"聚焦新鲜"更改为"做强常温、突破奶粉"。通过并购新莱特可以获得高端婴幼儿优质奶粉的生产技术及高科技配方，其优势可补足自己在高端婴幼儿配方奶粉方面的短板。新莱特作为全球奶粉知名供应商，有先进的生产管理经验。通过此次并购，光明乳业可以借鉴新西兰乳业的标准化管理理念，先进专业的管理人才和队伍，优化企业内部管理，提升自身的经营水平，实现协同效应。此外通过并购，光明乳业还可以获得低成本的融资渠道，较高的预期资本溢价，降低进口奶源所支付的关税等财务协同效应。

提升品牌形象也是光明乳业并购新莱特的重要目标。2008年波及整个国内乳业的"三聚氰胺"事件，打击了消费者对国内乳品的信任。尽管这一事件对光明乳业的直接影响不大，但消费者对国内乳品信心的降低导致消费者开始更多选择国外的洋品牌，国外品牌奶粉开始大量进军中国奶粉市场。在随后政府一系列乳业扶持政策的支持下，国内乳制品行业有所恢复。但由于中国乳品企业突发性事件多，导致国内乳制品的质量安全水平与消费者的期望值相差甚远。因此要想消除消费者对国产乳业品牌的偏见，获得高品质的奶源是重振国内消费者信心的重要途径。新莱特作为知名乳企的供应商，有着良好的声誉和消费者认可度，光明乳业收购新莱特后，以借助新西兰乳品的良好声誉，提升品牌形象，获得国内消费者的认可。

3. 光明乳业 SWOT 矩阵分析

就光明乳业在国内的行业来看，在某些领域具有一定的优势，这是光明乳业成功收购新莱特并进行整合获得协同效应的重要原因。同时光明乳业也在一些领域存在一定的劣势，这些劣势的存在可能会导致整合的困难以及带来相应的收购风险。将光明乳业所处的行业情景进行全面系统的分析发现，光明乳业在品牌、科技、管理三方面具有优势；在奶源和发展速度方面处于劣势；拥有先进生产技术和在鲜奶领域有较高市场份额是它的发展机会；在奶源不充足和常温奶的生产方面处于劣势。在跨国收购中对海外政策不了解，缺乏收购以及海外经验是其劣势。

优势：

（1）品牌优势，根据最新的中国乳制品企业排名，光明乳业在全国上千家乳制品公司中位居第四，光明乳业已经从上海的地方品牌发展成为全国著名品牌，公司市场形象良好，鲜牛奶、新鲜酸奶在华东地区占有大量的市场份额，温牛奶和常温酸奶也在逐渐被人们所认可。

（2）技术优势，光明乳业的发展理念之一就是以科技创新带动市场发展，技术优势明显。光明乳业拥有"国家技术创新示范企业"、"国家工程教育实践中心"、"国家级企业技术中心"等多个科研平台。通过这些平台，光明拥有了多项专利，不断推出新产品，莫斯利安常温酸奶就是其中最为成功的例子。

（3）管理优势，因为公司地处中国企业管理水平较高的上海地区，又属于中外合资企业，管理方面经验丰富，且光明以创新为发展理念，专业聚焦乳业，先鲜奶，强常温，不断通过管理上的创新提高企业的竞争力和盈利能力，目前光明乳业已经拥有国内先进的创新管理模式。

（4）充足的资金，光明乳业在竞争激烈的国内乳品市场一直有较高的利润水平。收购新莱特的前两年公司的净利润分别为 1.22 亿元和 1.94 亿元，账面资金高达近亿元，充足的资金和稳定的现金流保证了收购的资金需求。

弱势：

（1）奶源不充足，光明乳业属于城市型乳品企业，自己的牧场较少，与蒙牛、伊利等企业相比，有大量优质廉价的奶源，因此在乳制品的竞争上成本稍高，同时奶源不足也限制了公司的发展和市场占有水平的提高。

（2）发展速度较慢，由于公司的产品成本偏高，奶源限制了规模扩张，鲜奶贮藏条件的苛刻使公司产品不便于长途运输，而鲜奶的销售又局限在上海或华东地区，公司发展速度很难提升，只有增大常温奶的销售量和打开光明在全国的市场才能真正带动公司的发展。

（3）海外收购与经营经验不足。在成功收购新莱特之前，光明乳业尝试过三次海外收购，但都由于各种原因导致收购失败。也就是说在此之前光明乳业并没有成功收购的经营以及对海外资产进行管理整合的经验，对海外市场环境、法律风险、政策风险、渠道以及文化环境缺乏相应的了解。

机会：

（1）技术先进，光明乳业倡导研发先进技术，在开发新产品领域投入大量资金，管理层更是把大量精力投入到产品研发和技术推广上，公司不断推出国际领先的产品，且光明在技术领域拥有业内领先的发酵和全程冷链等多项专利，这些技术的开发为光明乳业树立了品牌形象，同时也为公司未来的发展提供了机遇。

（2）业务专业化，强化鲜奶领域，光明乳业一直在鲜奶领域占有较高的市场份额，2010年前蒙牛、伊利等乳品行业龙头企业仍没有对新鲜牛奶领域展开关注，光明乳业不仅占领了上海地区和华东地区，已经开始把目标市场放到全国，加上光明的核心技术，相信光明在新鲜牛奶领域将会大有作为。

（3）注重海外市场的拓展，光明乳业一直积极拓展海外市场，海外意识较强。成功收购新莱特以及后续成功收购的案例表明海外业务的开展不仅确保了光明乳业的原料供应，也增强了在国内市场的竞争力，在全球市场也获取了一定的地位。

威胁：

（1）竞争对手众多，中国有上千家乳制品制造公司，2003年以前，光明乳业位居行业排名前列，2003年伊利股份从光明手中夺得中国乳业老大的位置，从蒙牛创立开始，大品牌的竞争就一直存在，由于光明奶源不充足，常温液态奶起步较晚，已逐渐被这两个公司落下，市场占有能力降低。

（2）常温液态奶是竞争主战场，光明乳业以生产鲜奶起家，不像蒙牛、伊利等品牌拥有自家大规模的牧场，所以在常温液态奶的生产方面受到一定限制，但是我国乳品行业当前最核心的部分是液态奶。随着产品多样化和消费者对便利性的需求，液态奶市场在逐渐扩大，提高液态奶加工技术，增加液态奶产量和产品多样化是光明乳业当前的重要任务。

（3）海外市场乳制品市场呈高度垄断性，所以恒天然的跨国乳业集团几乎控制了国际市场上的奶源，光明乳业在海外市场的扩张势必引起乳业巨头的反应，带来海外之路的不确定性风险。

三、收购过程

2008 年新莱特脱离恒天然独立经营，独立后的新莱特公司管理上还未走上正轨，尚未形成自己的稳定客户群，再加上金融危机的影响导致乳制品价格持续下降，独立后的新莱特连续两年亏损。同时公司原有的一号工厂的加工容量已饱和，扩大规模迫切需要建设二号工厂，高额的建厂费用对处于亏损中的新莱特而言已无力负担，糟糕的财务状况也导致其很难在当地寻求到融资帮助，为此新莱特将目光投向海外，开始向全球募集资金。光明乳业得到消息后，迅速组织团队对新莱特进行考察。确认目标企业符合自身战略发展的需要之后，光明乳业成立了专业化的并购团队，聘请与光明乳业有长期合作伙伴关系的国际化专业人员进行指导与协助。其中荷兰合作银行担任并购中的财务顾问，英国欧华律师事务所负责并购中的法律、谈判战略等咨询，普华永道会计师事务所为光明乳业提供会计、估价等方面的支持。

在充分了解新莱特的经营状况与财务状况后，荷兰合作银行采用贴现法以未来现金流对新莱特公司进行价值预估。由于一号和二号工厂是企业的现金流来源，尽管连续两年的亏损使新莱特背上庞大的债务，但是其优良的奶源基地、先进的生产技术及设备仍然具有巨大的经济效益。根据现有信息分析，荷兰合作银行认为一号工厂的价值为 1.67 亿新西兰元，二号工厂的价值为 1.17 亿新西兰元，两者的整体估值为 2.84 亿新西兰元，约合 13.23 亿元人民币，去除负债的折现价值约为 5.45 亿元人民币。光明乳业入股新莱特后的股权价值约为 7.78 亿元人民币，而光明乳业 51％股份的股权价值约为 3.96 亿元人民币。光明乳业最终出价 8 200 万新西兰元，约合 3.82 亿元人民币，低于荷兰合作银行测算的股权价值。再加上并购过程中发生的咨询服务费等费用，光明乳业最终支付总价款 4.21 亿元人民币。

2010 年 7 月 16 日光明乳业与新莱特签署战略投资合作协议，同时对外公布，以 8 200 万新西兰元（约合 3.82 亿元人民币），收购新西兰新莱特公司 51％的新增股份，新增普通股股数为 2 602 658 股，每股合 3.15 新西兰元。光明乳业同时对外声明此次投资的性质是长期投资。另外，光明将动用自有资金作为投资启动资金，后期将利用银行借款来补充投资资金。2010 年 10 月，经过三个月的等待，光明乳业并购新莱特的计划得到了上海市国资委、国家发改委、上海市商务委、国家外汇管理局及新西兰外商投资办公室的批准，光明开始实施并购。

由于畜牧业在新西兰的敏感性，收购涉及牧场、土地会导致新西兰政府的警惕与民众的抵制，为规避政治风险，顺利获得新西兰政府的批准，此次并购未包括牧场资产。光明乳业除了使用现金方式支付外，使用承担债务的方式来完成一部分并购。这种混合支付方式不致使光明乳业背上债务负担，同时还可以规避一些交易税费。认购资金将用于归还新莱特公司银行贷款和投建二号工厂，于 2010 年 11 月完成投资。完成并购以后，光明乳业对新莱特乳业的业务进行了评估，分析了新莱特乳业所处的内外部环境，对新莱特乳业的优势和问题有了清晰的了解，提出了盈利模式转型、产品结构调整、完善建立制度等相应的整合措施。从并购新莱特乳业以来的前两个财务年度（2011 年 7 月至 2012 年 7 月）数据来看，新莱特乳业的产量增长率达到 41％、营业收入增长率达到 26％、毛利额的增长率达到 130％。截至 2013 年 7 月的财务年度，新莱特乳业实现营业收入超过 4.3 亿新西兰元，增长超过 15％；实现净利润 1 000 万新西兰元，增长 58.7％。并购以后的新莱特乳业，经济效益和社会效益得到明显提升，承担的社会责任更加明显。

2013 年 7 月 23 日，新莱特乳业在新西兰证券交易所主板成功上市。上市当日开盘价 2.2 新西兰元，收盘价 2.74 新西兰元，日升幅达到 24.55％，市值超过 4 亿新西兰元。光明乳业持有股份价值达到 1.57 亿新西兰元，约合 8.086 亿元人民币，比光明乳业 3.82 亿元人民币初始投资额，资产增值率达到 111.78%。并购后的经营绩效表明，此次光明乳业的跨国并购以及并购后的整合经营策略是成功的。

四、案例启示

光明乳业不但成功收购了新莱特，确保优质奶源的供应，为提高品牌形象，进入全球市场提供了有力的保障，同时在收购过程中光明乳业表现出的专业素养为化解并购风险、合并后的业务整合达到了并购的协同效应为国内企业在海外并购中提供了一些有益的启示。

1. 风险规避

弱化国企背景，规避政治风险。西方国家对具有国企背景的企业在海外的经营活动比较敏感，认为国企背后是实现国家的意志，甚至是军方的意图，比如中国的华为公司一直未能在美国市场正常开展业务，因为美国人认为华为公司具有军方背景，可能会危害美国的国家安全，实际上华为公司是一家地道的民营企业。光明乳业是国资为主导的食品企业，如果不能弱化国企背景，以竞争市场的主体去参与收购，此次收购很可能会遭到政府甚至来自民间的反对。可以看出，光明乳业在同新莱特的股东、管理层以及新西兰政府沟通时，不断强调光明乳业是标准的现代企业制度的市场竞争主体，此次并购的意图是获取资源保障供应，不带有任何政治色彩，也不会给新西兰带来任何损害，反而会带来就业与税收等诸多利益。这些做法一定程度上降低了光明在并购中所面临的政治风险。

放弃牧场土地收购，降低政策风险。新莱特并购前当时位居新西兰奶业排名第五，并且拥有优质的牧场资源。由于新西兰乳制品行业在整个国家中具有举足轻重的地位，政府及民众对牧场资源控制较为严格，对牧场土地的收购会遭受严格的审查并且通过的可能性很小。为达到成功收购的目的，光明乳业放弃对牧场土地资源的收购，以避免触碰新西兰政府的政策红线。光明乳业此举减轻了新西兰政府及当地民众的担忧，新西兰政府也加快了对此次并购的审批，从而降低了此次并购的政策风险。为确保在这种状况下光明可靠的奶源供应，公司与当地的牧场主一一签订土地购买权合约，该合约是一项土地租赁协议，新莱特公司可以在约定的租期内优先购买牧场主手中租赁的牧场，且购买价格低于市场平均值。这样新莱特公司的原股东掌握对该牧场的控制权，牧场将继续为公司提供奶源。因此，虽然光明乳业此次并购没有取得关键的牧场资源，但奶源的质量与供应并不会受到影响。

组建专业的收购团队，避免信息不对称风险。跨国并购是一项系统复杂的业务，需要具有专业的富有经验的人才才能胜任。光明乳业在此之前已有失败的收购经历，在吸收经验教训的基础上，公司组建了一个高效的咨询团队以帮助公司成功收购，团队中包括荷兰合作银行、普华永道会计事务所和英国欧华律师事务所。荷兰合作银行一直从事包括农业、食品工业等多种行业的金融交易，对这些领域的具体情况非常熟悉，荷兰合作银行在此次收购的任务是充分挖掘了与新莱特有关的经济信息，据此对新莱特未来财务状况及投资价值进行了预测。普华永道的工作是为光明乳业提供新西兰会计政策的咨询工作，分析整理新莱特财务方面的信息，分析该公司会计政策的运用情况，根据企业财务、运营信息以及市场环境变化趋势等因素提供股价预期等支持性工作。欧华律师事务所的工作是全面深入地了解新莱特所处的市场环境、商业环境和文化背景，熟悉并购相关的法律框架，以增强光明乳业战略咨询及业务谈判的能力。强大的、专业化的团队一方面使公司全面了解收购对方以及政府的法律政策的状况，同时也使得公司在收购谈判时明确了收购目标和收购价格，避免了海外对来自中国收购资本漫天要价的"Chinese Premium"。

混合支付方式的选择避免了公司的财务风险。一般地，海外收购中支付方式有现金支付、股权支付和承担债务支付三种，每一种支付方式各有优劣。结合光明乳业自身的财务状况和未来的不确定性以及降低收购成本低的考虑，最终选择了现金支付和承担债务的组合支付方式。光明乳业用自有现金作为支付对价的金额约为9 100万元人民币，银行借款（外来现金）作为支付对价的金额为4 400万美元，折合人民币约为291 398 800元人民币。并且，光明乳业2010年财务报表表明光明乳业与贷款银行协定的利率为浮动利率，利率以伦敦同业银行拆借利率为参照标准。同时，并购交易达成后，由光明乳业承担新莱特公司的部分债务。实际上在收购的当时，光明乳业的财务状况较佳，净利润逐年增加，账面现金及现金等价物高达8.8亿元人民币，完全有能力以全现金方式进行支付。考虑到全球乳业市场持续不景气，未来市场预期存在较大的不确定性；同时，人民币处于持续升值的趋势中，现金支付可能会带来汇兑损失和利息损失；况且，公司一次性支付大量现金，对正常的生产运营也会造成一定的影响，所以光明没有采用全现金支付方式。

2. 整合

文化整合，增强收购后的新莱特公司的凝聚力，将公司的业绩目标与文化统一起来。文化整合是关乎收购后的新莱特能否达到既定收购目标，正常经营的重要因素。跨国跨文化的收购带来的文化冲突难以避免，作为发达经济体中的新莱特公司被来自发展中国家的企业收购，管理层和企业的员工内心是不平衡的，这些不满将会体现在公司的运营效率上，不可避免带来公司业绩的进一步下滑。新西兰的员工工作状况相对轻松随意，缺乏足够的竞争意识和积极向上的进取心，行事风格乐于按部就班，管理层的经营决策注重标准化章程，缺乏灵活性。但是在中国乳业竞争激烈，光明乳业收购新莱特的一个重要目标就是获取奶源的保障作为国内激烈竞争市场上扩张的保证，这就需要新莱特公司的奶源产量和业绩必须持续的快速的增长以适应国内市场的需求。为此，光明乳业成立专门的整合小组负责新西兰与上海两地之间的信息沟通，反馈并购过程中存在的问题，为公司董事会作具体筹备等。在新莱特的组织构架上保持原有公司的管理层，由其负责公司的日常经营管理，作为所有者的光明乳业作为"战略投资者"身份存在，不干涉其具体的经营事务。尊重新莱特原有员工的业务行为、价值观、个人主义，并尽可能的为其创建适宜的工作环境，同时随着公司规模的扩大，光明乳业有意识的增加华裔员工的招聘，并分配到公司的各个部门，通过举办定期的员工交流会和员工培训项目来增加东西方文化的交流，实现相互影响与融合，逐渐的将员工的文化属性与公司的文化和目标一致起来，对光明乳业"引领世界、专注品质、合作共享、凝聚力量、超越自我"的理念更加认同。

财务整合，增强财务能力，保障经营目标的实现。作为战略投资者的光明乳业收购新莱特除了保障奶源供给之外，从另外一个层面来看也是为了实现收购目标企业的价值最大化。但收购的当时新莱特财务状况非常糟糕，为此光明乳业与新莱特一道对公司的人力资本与物质资本进行重新分配，利用收购资金和银行贷款偿还新莱特公司的贷款及相应的罚息，同时为获得准确的新莱特公司的财务信息，光明乳业逐步将新莱特的会计核算方法、内容按照中国的会计准则进行调整，重新构筑公司的财务体系。通过合理的财务整合，被收购后的新莱特各项财务指标得到改善，并购后的 2011 年 1 月至 7 月，新莱特就实现收入 1.85 亿新西兰元，超过 2010 年全年的收入总额；公司 2012 年到 2014 年三个会计年度的税后净利润分别为 630 万美元、1 150 万美元和 1 960 万美元，盈利能力逐渐得到恢复。整个光明乳业的营业收入、总资产、偿债能力与利润都有了大幅度的提高，呈现良好的增加态势。

战略整合，提升光明乳业的竞争优势。在光明乳业的战略规划中，赋予新莱特极高的战略地位。一方面是利用新莱特一号工厂承担向光明乳业提供优质原奶，另一方面是通过新建的二号工厂负责高端婴幼儿奶粉的开发，树立光明乳业的高端品牌形象，重建"三聚氰胺"事件后国内消费者对国产奶粉的信心，建立光明乳业的新的竞争优势。2011 年二号工厂顺利投产，该工厂主要为光明乳业生产"培儿贝瑞"高端婴幼儿奶粉，成功实现既定的战略目标。2013 年 7 月 23 日，新莱特正式在新西兰证券交易所主板挂牌上市，发行股数为 3 409.09 万股，每股价格 2.2 新西兰元，募集资金 7 500 万新西兰元。发行后总股本变为 1.46 亿股，光明乳业持股比例降为 39.12%，仍为一大股东。截至上市首日收盘时价 2.74 新西兰元，市值过 4 亿新西兰元。光明乳业持有股份价值达到 1.57 亿新西兰元，约合 8.086 亿元人民币，比光明乳业 3.82 亿元初始投资额，资产增值率达到 111.78%。这是光明乳业收购新莱特实现企业价值最大化的最为成功的标志。

综上所述，国内企业在海外收购活动中掌控风险，收购后的成功整合是实现收购战略目标的重要保障。海外收购不同于国内的兼并重组，信息的获取、来自于东道国政府的政治与政策因素、法律环境、市场环境以及文化的差异都是潜在导致收购能否成功的重要因素，这就要求我们农业企业在进行海外收购中要对收购对象及其环境因素有全面的把握，要利用海外专业的团队对目标进行详尽的了解。成功收购只是成功的第一步，收购后的整合事关收购的战略目标能否达成的关键，必须将收购对象的优势与收购的战略目标进行有机的结合，从文化、财务、人才及资源进行全方位的整合，才能获得并购的协同效应，实现战略目标。

第十一章 "一带一路"沿线国家的农业投资环境

综合前面几章的概述性分析以及企业案例，我国农业对外投资在对外投资总量中占有一定比例，不同农业领域的企业实践也充分体现了近年来我国对外农业投资的力度在不断加大，但也要清醒地看到，机遇与风险并存，很多企业在海外农业投资中遇到各种各样的问题，也特别值得后来者吸取经验教训。近两年来，"一带一路"沿线国家已成为我国企业对外投资的"热土"，从投资存量总额来看，我国对新加坡、印度尼西亚、泰国、马来西亚、俄罗斯、老挝的投资比例比较大。为此，本书特别选取这几个国家的政治、经济、社会、自然等特征进行归纳梳理和分析，以期为我国农业"走出去"战略实施和企业对外农业投资实践发挥一定的借鉴和参考作用。

一、政治特征

（一）新加坡

新加坡实行的是议会共和制。立法、行政、司法三权分立又相互制衡。总统和议会共同行使立法权，总统是国家元首，经全民选举由议会产生，任期6年。议会也称国会，实行一院制，任期5年，议会议员分为民选议员、非选区议员和官委议员，其中民选议员是从各选区中由公民选举产生，非选区议员从得票率最高的反对党未当选候选人中任命，两者任期都为五年，官委议员由总统根据国会特别遴选委员会的推荐任命，任期两年半。新加坡司法设立了最高法院和总检察署司法机关，最高法院由高庭和上诉庭组成，上诉庭为终审法院。新加坡政府行使行政权，政府由获得多数议会投票的政党组建，总理领导政府，总理由总统委任，总统并不统揽行政大权，只有限制性的行政权力。内阁是国会政府制度下的最高权力机关，由总理、副总理及各部部长组成，对国会负责。

（二）马来西亚

马来西亚是君主立宪议会民主制联邦国家，实行议会制君主立宪制。最高立法机构由最高元首、上议院、下议院组成。国家最高元首由九个州的世袭苏丹轮流担任，任期为 5 年，不得连任。最高元首委任下议院多数党领袖为总理，并根据总理提名任命内阁部长、联邦法院院长、总检察长、武装部队总参谋长、选举委员会主席及委员、国家审计长等国家重要管理人员。最高立法机构由最高元首、上议院、下议院组成。其中上议院共有 70 名议员，由 13 个州议会选举产生 2 名，其余 44 名由最高元首根据内阁推荐委任，任期 3 年，可连任两届。下议院由 222 位民选议员组成，由 5 年一届的大选产生，可连任，下议院获得多数席位的政党获得组阁权，下议院议长从下议院议员中选举产生。马来西亚最高行政机构是内阁，由总理领导，所有内阁成员必须是国会议员，内阁对国会负责。

（三）印度尼西亚

印度尼西亚是一个单一的共和制国家。政府实行总统制，总统既是国家元首，也是政府首脑，同时掌管三军，并有权直接领导内阁。总统、副总统均由人民协商会议选举产生，任期 5 年，总统可连任一次。人民协商会议是印度尼西亚的最高政府权力机关，由 500 名国会成员、130 名地方代表和 65 名社会名流组成，任期 5 年。人民代表会议是国家立法机关，简称国会，印度尼西亚行政机关与立法机关相互独立，政府由总统组织，总统及其领导下的内阁只对人民协商会议负责而不对人民代表会议负责，人民代表会议无权推翻总统。司法机构方面，印度尼西亚设有地方法院、高等法院及最高法院，最高法院为最终审法院是国家最高权力司法机关，此外设有商事法院处理破产方面案件，地方行政法院处理针对政府行政法上的救济案件，宪法法院则处理法律合宪性、政党解散等，宗教法院负责伊斯兰教法定案件整理。

（四）泰国

泰国实行君主立宪制。国王是国家元首和军队最高统帅，是国家主权和统一的象征。国会是国家最高立法机构，实行上、下两院制。上议院议员150 人，其中76 人直选产生，74 人遴选产生，任期6 年。下议院议员500人，任期4 年。政府是国家最高行政机关，由1 名总理和不超过35 名部长组成。总理是政府首脑，由国会选举经国王任命产生，任期4 年，政府部长和内阁成员根据总统提名任命。泰国的司法系统由宪法法院、司法法院、行政法院和军事法院构成。宪法法院主要职能是对议员或总理质疑违宪、但已经国会审议的法案及政治家涉嫌隐瞒资产等案件进行终审裁定。行政法院主要审理涉及国家机关、国有企业及地方政府间或公务员与私企间的诉讼纠纷，行政法院分为最高行政法院和初级行政法院两级，并设立行政司法委员会。军事法院主要审理军事犯罪和法律规定的其他案件。司法法院主要审理不属于宪法法院、行政法院和军事法院审理的所有案件，分最高法院、上诉法院和初审法院三级，并设有专门的从政人员刑事庭。最高法院是泰国最高的司法审判机关，最高法院大法官是最高执法者，由国王任命。

（五）俄罗斯

俄罗斯实行的是总统制的联邦制，实行三权分立原则和总统制原则。立法、司法、行政三权分立又相互制约。总统是国家元首，由国家杜马同意命名，任期为6 年，是国家武装力量最高统帅并领导国家安全会议。俄罗斯议会是国家最高立法机构，主要由联邦委员会（上院）和国家杜马（下院）组成，其中上院是由权利、地位相等的8 个联邦区的85 个联邦主体的权力代表机关和权力执行机关的代表组成，下院是按比例代表制原则从各党派中选举产生的代表组成。俄罗斯的司法机构主要有联邦宪法法院、联邦最高法院、联邦最高仲裁院及联邦总检察院，法官及总检察长由联邦委员会根据总统提名任命。俄罗斯联邦政府是国家最高行政机关，有最高的权力执行权，联邦政府由总理、副总理和部长组成，总理、副总理和部长由总统任命。

（六）老挝

老挝是一个社会主义国家，实行人民代表大会制度。人民革命党是老挝唯一的政执政党，奉行共产主义，成立于1955 年。老挝国会是国家最高权力机关和立法机构，负责宪法和法律。国会每届任期5 年，每年分别在6 月和 12 月召开两次会议。特别会议由国会常委会决定或由三分之二以上的议员提议召开。国会议员由地方直接选举产生。政府为国家最高行政机关，总理为政府最高领导者。最高人民法院为最高司法机关。

二、法律特征

（一）新加坡

新加坡独立之前，其境内所适用的法律均为英联邦法律，1965 年新加坡获得独立，便走上了自主立法的道路。新加坡法律体系的首要特征就是完整。其主要体现在种类繁多、体系完整、法律调整范围广泛。其次是法律严峻，主要体现在定刑、量刑、行刑都普遍较重，例如在新加坡，无论嫌疑人是否犯同一种罪名，最终都以作案次数量刑再合并执行，此外新加坡至今还保留着传统法制下的酷刑——鞭刑。再次法律面前人人平等，无论是高官还是平民，无论本国公民还是外国公民，新加坡对犯法者及犯法组织同样是严惩不贷。最后，新加坡具有严密而有效的司法体系，新加坡分最高法院、初级法院和专门法院。最高法院由上诉庭与高等法庭组成，成员包括大法官、上诉庭法官、高等法庭法官与委任司法委员。初级法院由地方法庭、推事庭、青少年法庭、验尸庭、家庭法庭、消费人士裁判局组成，成员包括高级地方法官、推事、主簿官、副簿官、高级副主簿官。专门法院包括海事法庭、宗教法庭、军事法庭等具有针对性事务的法庭。五是司法独立，不受干预，这是新加坡司法制度的核心和主要特点。

（二）马来西亚

马来西亚的法律体系是在英国法律的基础上融合其他外域传统法律而建立和发展完善起来的。马来西亚是由马来亚联合邦和新加坡、沙捞越、沙巴合并而成，1965 年新加坡宣布退出，由于马来西亚特殊的地理环境和社会条件，使得该地区缺乏自己固有的传统法律文化，从很早起就受到阿拉伯、印度、中国等域外地区法律的影响，这些国家的传统法律文化通过不同途径传入马来西亚，为马来西亚法律的发展奠定了深厚的基础，1914 到 1957 年英国对马来西亚的全面统治，对马来西亚的法律更是产生了深远的影响。英国人在马来西亚除了引进法律和司法系统外，最重要的是引进了立法机构，立法机构在马来西亚的出现代表了马来西亚在政治上的一种进步，也反映了马来西亚的宪政发展水平，其立法机构的演变是其政治体制发展和变化的中心。1957 年马来西亚宣布独立，其引进的民法和刑法使其慢慢恢复了法律与秩序，从而逐渐建立了完整的政府机构。如今，在英国离开时留下的法律及其体系为基础下马来西亚建立了自己比较完善的法律制度和体系。

（三）印度尼西亚

印度尼西亚曾是荷兰的殖民地，法律和法律制度的发展深受欧洲大陆法系特别是荷兰法律的影响。其法律文化呈现一种多元化的特点，法律渊源主要包括习惯法、伊斯兰教法、荷兰殖民地时期的法律和法令以及独立以后印度尼西亚制定的法律法规。在殖民时期，印度尼西亚的人口被分为三大部分：欧洲人、外国亚洲人和印度尼西亚本地人。每部分人都适用不同的法律和法律制度。独立以后，荷兰时期的法律依旧被继承下来，虽然后期陆续建立一些法律制度，到如今仍然还没有建立其成熟统一的法律体系。就现实情况而言，印度尼西亚法律环境不容乐观——法律体系不够完善、法律稳定性不强、执法不严等问题比较严重。例如在劳动法方面，虽然印度尼西亚政府近年采取相关法律条规进行了修改，但大多数外商还是认为新的劳动法并没有解决投资商的担忧，法律制度依然不够完善；中央政府实行地方自治，却缺乏有关地方自治的法律法规；印度尼西亚国内司法腐败较严重，有法不依，执法不严，且法律法规经常变换，也使得外国投资者无所适从。

（四）泰国

泰国的法律主要呈现以下三个特征：第一，法律体系比较完整。泰国的法律体系是民法体系或法典化的法律体系，主要的成文法典包括民商法典、刑事法、民事诉讼法、刑事诉讼法、税法和土地法，最高法律是宪法，此外还有法律、皇家法令、紧急法令、部级条例、部级通告、其他政府通告、地方政府规定及特区条例等。第二，吸收了西方先进法律制度，是东西方文化相碰撞的产物。拉玛五世（1868—1910 年）统治时期，泰国由于在英、法、美、意等国殖民势力压迫下签订了一系列不平等条约，加剧了国内阶级矛盾的深化，在这一形式下，朱拉隆功王以及一批受过西方教育的具有资产阶级民主思想的激进分子决定开始改革，其中就包括吸收西方资产阶级法制建设的经验，从今天来看，泰国的家庭法部分仍坚守和继承着传统法律和习惯，而商法则吸收借鉴了大量的西方先进法律制度，尤其是受到法国的影响。第三，军人专制与法律秩序竞合为一，有着极端民族主义倾向。例如在通告中提倡泰民族讲泰语用泰语，确立国家、君主和宗教三位一体的国家意识形态。

（五）俄罗斯

俄罗斯法律比较完善，到 2011 年制定颁布的法典有 20 余部，联邦法律 400 余件，另外还有联邦主体法等。俄罗斯强调宪法在整个法律体系中的作用，但其宪法明确规定了去意识形态化的宗旨，没有任何理论学说作为国家的指导思想。俄罗斯宪法还宣布在俄罗斯实行民主制、法律至上、人与公民的权利与自由至上、国家机构三权分立等重要原则。强调议会立法，在司法过程中所适用的法律都是由立法机构制定颁布的法律法令。强调国家法律的法典化，如制订统一的民法典、商法典等。司法中极少遵从先例，即在审理一个新案时未必要按照别的法院以往对类似案件的裁定做出相似的判断。

（六）老挝

老挝的法律吸收和借鉴了许多国家法律的优点，整体法律制度和体系比较完善。主要呈现以下几个特点：一是法律政治性减弱，法律趋向宽松，政治内容、激烈性的政治词语、强调性的民族特色普遍减少，取而代之的是比国际惯例法还要宽松的条文。二是立法形式上采取成文法形式，法律吸收了其他国家大量优秀的内容和形式。从老挝的历史发展来看，老挝法律的起源和发展主要受制于三个方面的因素：长期的法国殖民统治所留下的大陆法系的烙印以及老挝传统与习惯的影响；1975 年以后苏联社会主义模式社会意识形态的影响；20 世纪 80 年代中期以后，中国、越南等邻国社会主义经济和法制建设的影响。如今，从经济建设和市场经济发展需要出发，老挝虽然还受三方面的影响，但从其自身需要出发，老挝广泛研究了世界各国有关市场经济建设的立法，吸收了大陆法系和英美法系的优点，对程序越来越重视。三是法律具有较强的适应性和灵活性，无论是法律内容还是法律关系都比较完善灵活，例如为适应不同时期经济的发展，经济法律在不断地修改和补充以适应经济发展①。

三、土地权属特征

(一) 新加坡

新加坡土地面积只有 0.068 3 万平方公里，其中 90% 的土地所有权归国家所有，10% 的土地所有权归私人所有，国有土地来源主要是从私人业主手中征收和填海造地，大部分居民与社会法人都只有土地使用权无所有权，政府在土地规划、土地利用、土地经营上具有绝对权威，这为城市的不断重建、不断优化减少了很多不必要的阻力。从土地使用权看，主要分为三种类型：一是永久使用权，这种数量少，业主大多为当地土著、原住民。二是999 年的土地使用权，此类土地因历史原因形成，数量也极少。三是面向社会出让的土地使用权，一般住宅和商业用途是 99 年，工业、教育、宗教、社会福利等用途为 30 年，农业用途是 10～20 年，承租方除按法律规定交付相应的土地租金外，还应根据法律规定向国家按期缴纳土地使用费，土地使用者租到土地年期届满后，政府即回收土地，地上建筑物原则上无偿归国家所有，由土地管理局负责管理，采取拍卖招标的办法出让给新的使用者。

(二) 马来西亚

马来西亚宪法规定土地事务属于州务管辖范畴，各州均设有土地局，各州在联邦政府监督下，可制定本州的土地政策。宪法和国家土地法均规定，马来西亚土地可以作为私有财产受法律的保护，可自由买卖。居民和法人获得土地的方式主要分两种，一种是永久拥有权，可以获得永久地契；另一种是租赁型拥有权，可获得有效期为 99 年的租契，只要在到期之前支付一定费用，便可延续新的 99 年所有权。政府部门、企业或个人不得随意征用土地，只有州政府有权征用州内土地及改变土地使用性质，联邦政府征用土

---

① 马巍. 当代老挝法律架构初探［J］. 云南省东南亚研究会周边动态，2011（29）.

地，必须公布征用理由和确定补偿标准方可征用。

（三）印度尼西亚

印度尼西亚实行土地私有制，但外国人或外国公司在印度尼西亚都不能拥有土地，只拥有其建筑物但其土地所有权归印度尼西亚方所有。外商直接投资企业可以拥有以下 3 种受限制的权利：建筑权，允许在土地上建筑并拥有该建筑物 30 年，并可再延期 20 年；使用权，允许为特点目的使用土地 25 年，可以再延期 20 年，开发权，允许为多种目的开发土地，如农业、渔业和畜牧业等，使用期 35 年，可再延长 25 年。截至 2011 年 6 月，现行法律规定，定期到访印度尼西亚的外商，可以在住房或商业空间领域进行投资并获得长达 70 年的使用权。这个 70 年的期限，分三个阶段获取，最初为 25 年，然后 20 年，最后 25 年。非印度尼西亚公民不能拥有不动产（Hak Milik），只可以获得使用权（Hak Pakai）。此外房地产还必须缴纳税务及每 30 年更新一次的 IUT 固定经营许可证费。近些年来，楼房住宅条例草案也在讨论之中，其将明确规定有关土地所有权、楼房住宅及土地拥有权法，以促进外商获取土地所有权，增加国际投资者在印度尼西亚房地产市场投资的自信。

（四）泰国

泰国现行土地制度以私有制为主体，全国的土地分为皇室所有、国家所有和私人所有三类。土地私有制源于泰国近代土地制度的变革，其中泰国农用地占有法在立法上一百多年来都非常模糊，对农用地权利的保护非常弱，导致土地高度集中。当前泰国私人土地的 90％以上集中在 10％的泰国人手里，持地面积最多的前 50 人占私人土地总面积的 10％以上，40％的农民无地耕种。泰国现行允许外国人及外籍法人在符合以下规定的条件下可以拥有土地产业：凡是在泰国持有土地的外国人，必须按内务部规定从国外携入不少于 4 000 万铢，并经内务部长批准，可以拥有不超过 1 莱约 1 600 平方米的土地作为其居住用地，另外还得满足以下条件：在泰投资必须有益泰国经济发展或满足 BOI 规定可以投资促进的项目；投资持续时间不少于 3 年；拥有的土地应在曼谷市区、芭提雅或其他《城市规划法》规定的居住用地范围内。此外泰国不允许外资获得农业耕地所有权和承包经营权。

（五）俄罗斯

苏联在解体前一年开始进行土地改革，土地由单一的土地国有制变成国有、市政府所有和私有等多种土地所有制。国有土地又分为联邦所有和市政体所有土地。市政体所有土地指城市和相当于市级的地区所有的土地。私有土地又分为个人所有和法人所有土地。俄罗斯将土地按用途分为七个等级：农业用地、居民用地、专业用途用地、特别保护区和它的客体用地、森林资源用地、水资源用地和储备土地。土地管理可分为国家管理、社会管理、自治地方管理和农场内部管理，其中国家管理是主要的管理形式。2001 年 10 月和 2003 年 1 月 27 日分别出台实施了已经耗时 7 年久拖不决的《俄罗斯联邦土地法典》和《农用土地流转法》基本确立了俄罗斯土地制度的新框架，最终确立了俄罗斯土地私有权制度，公民和法人依法享有土地承包经营权、租赁权、地股权等使用权，开放了土地买卖、转移、出租、抵押、交换入股等土地交易方式，对于外国人以及外资占多数的公司只能租用土地，租期最长可达 49 年，目前中国公司和其他法人组织租用俄罗斯土地主要集中在农业生产和林业加工领域，主要分布在远东和西伯利亚地区。

（六）老挝

老挝实行土地公有制，土地所有权禁止交易。地产市场的交易权仅为土地使用权交易。老挝土地法根据老挝宪法的规定将土地国家所有权制度确立为国家唯一的土地所有权制度，即作为土地唯一所有者的国家对于自己所有的土地依法享有的占有、使用、收益和处分的权利。国家按照法律和规划统一管理全部土地，保证有目的和有成效地使用土地。老挝《土地法》规定全国范围内的土地划分为农业、林业、工业、建筑、文化、交通、国防、治安和水域用地八个类型，经过有关部门的许可并在保证不对自然环境和社会造成不良影响下，可转变土地类型。关于各类土地范围划分权和程序方面，中央一级政府在全国范围内分配和划分各类土地，然后向国会提议经审议通过。地方政府在自己负责的范围内规定各类土地的范围，使之符合政府制定的土地类型范围的规定，然后向上级政府提议经审议通过。对于外国人及组织，对土地仅仅享有土地租赁权，而土地租赁权一般不得让与，转租也受到限制或禁止，土地租赁需要由土地所在省、市或特区政府向财政部建议审批，且最高租期不得超过 50 年。

四、经济发展特征

（一）新加坡

新加坡的经济传统上以商业为主，包括转口贸易、加工出口、航运等，是东南亚最大的海港、转口贸易中心、物流中心、重要的商业城市，也是国际金融和航运中心。1965 年之前，新加坡一直属于马来西亚，1965 年新加坡开始独立，独立后国家通过宏观经济计划来指导经济发展，坚持发展自由经济，大力吸引外资，发展多样化经济，以制造业和服务业作为经济增长的双引擎，在 1960 年到 1984 年间曾创造过年均 GDP 增长 9％的神话。1997 年亚洲金融风暴爆发对新加坡的经济创伤力度也很微小，随着全球整体经济增长速度放缓，新加坡出现了短暂的经济衰退，之后又开始慢慢恢复。然而在 2016 年上半年，新加坡经济持续低迷，在第三季度更是出现断崖式下跌，主要原因是因为：一方面，新加坡的经济发展进入了一个周期，自 2012 年以来新加坡生产力指标一直处于下降趋势。另一方面，新加坡是个出口依赖型国家，全球贸易的不景气加上能源价格走低对该国油气和服务业造成了一定的冲击，再加上新加坡经济发展主要靠创新和科技支撑，而近年来经济的衰退使得新加坡在创新方面并没有取得突破性发展。

（二）马来西亚

马来西亚 70 年代以前，经济以农业为主，依赖初级产品出口。70 年代末到 80 年代，原油和天然气成为其最重要的经济发展产业，同时制造业、电子业、建筑业和服务业也快速发展，在 60 年代到 90 年代之间，马来西亚持续保持着 5％～8％的平均经济增长率，各民族之间的贫富差异也逐渐缩小。20 世纪 80 年代以后，经济增长开始减速，到了中期经济严重衰退出现负增长，后来政府通过紧缩财政政策、调整经济结构、刺激外资和私人资本投资等措施，使得经济得到明显好转，1987—1997 年这 10 年时间，经济高速增长，年均国民经济增长率一直保持在 8％以上，1997 年东南亚金融危机，马来西亚是除印度尼西亚外受到影响最严重的国家，汇率大幅贬值、金融市场受到重挫。进入 21 世纪后，马来西亚的一切经济发展政策侧重于知识经济，政府通过积极培养知识和技术兼备的人才、着重发展基础产业设施建设、大量投资研究开发新科技的领域、大力发展旅游业、促消费、引投资等一系列措施，使得马来西亚的经济不仅很快从金融危机中恢复过来，还取得了飞速的发展。2010 年马来西亚公布了以"经济繁荣与社会公平"为主题的第十个五年计划，并出台了以进入高收入国家行列、形成共享型增长模式和保持经济发展的可持续性为中间目标，以刺激经济增长、提高国民收入为最终目标的"新经济模式"，继续推进经济转型。

（三）印度尼西亚

印度尼西亚是东盟最大的经济体，也是世界第十六大经济体，1997 年亚洲金融危机以后，印度尼西亚经济受到严重创伤急速衰退，之后印度尼西亚政府经过一轮痛苦的改革，制定了平衡经济、社会和政治三者的经济发展计划以及收紧货币和财政政策、刺激经济实体发展等一列政策后，经济开始转好并呈现稳步增长的趋势，通货膨胀也控制在合理区间，宏观经济一直表现良好，即使是在 2008 年全球金融危机爆发后对其影响依然很小。然而2013 年美国宣布逐步取消量化宽松政策消息，2014 年新上任总统实行削减燃油补贴、对传统经济增长模式进行改革等一系列政策，再加上主要贸易伙伴日本、新加坡、印度等经济体经济增长放慢及其他外部经济环境的恶化，导致印度尼西亚经济几年来增长速度放慢，通货膨胀率升高，失业率上升。但是为了促进经济平衡发展，佐科维政府也颁布了一系列相关的配套经济措施，例如简政放权、制定新的劳工薪资制度、建立八个经济特区、鼓励海外印度尼西亚籍创新型科技人才回国创业、放宽私人油气业限制等措施，目前印度尼西亚经济虽说有所放缓，但在这一系列政策的刺激下印度尼西亚经济还算处于一个较好的状态。2017 年一二季度，印度尼西亚经济在内需走强、出口增速、各行业增速发展的带动下经济增速创下近两年来新高。

（四）泰国

21 世纪初，泰国在实行一系列恢复和振兴经济计划后，经济发展速度较快，号称亚洲第五小龙，其主要特点是：一是对外开放程度高，泰国1996年被列入中等收入国家，政府实行自由经济政策，实行全面开放，大量吸收外资的投入，且当地视普及率最高的英语作为最基本的交流语言；二是第三产业发达，一二三产业融合较好，农业在泰国是比较成熟的产业，泰国一直鼓励国内外私企大力发展农产品加工业，使得以农业为基础的农产品加工业成为泰国对外贸易的一大支柱，同时也是国内经济发展的主要支柱，第三产业发展主要体现在旅游业，旅游业是泰国的优势产业，其带动了餐饮、娱乐、酒店、航空等相关产业，其产生的 GDP 占国内总 GDP 较大比例。然而 2008 年金融危机的爆发，对于外向型的泰国经济影响颇深，加上国内政治处于动荡之中，使泰国经济出现了较大幅度的衰退。2011年泰国遭受了特大洪灾，使得当年经济几乎接近零增长，近些年来随着政府一系列加大投资等政策，效果渐渐得到呈现，经济开始复苏并出现增长趋势。

（五）俄罗斯

俄罗斯是一个传统的贸易大国，发展主要靠其得天独厚的自然资源，其有丰富的石油和天然气等能源，是一个能源大国，能源原材料始终是其优势的出口产品，出口结构比较单一，经济发展具有很大的不稳定性。在 1998年金融危机爆发之前，俄罗斯处于苏联解体时经济转型困难时期，经济一直处于下降状态。1998 年后，国际能源市场需求开始旺盛，拉动了俄罗斯经济的增长，这种增长被视作恢复性增长，1998 年到 2008 年 20 多年俄罗斯经济在"下降—恢复—再下降—再恢复"的发展状态下逐渐实现了经济增长趋势，彻底改变了俄罗斯的经济面貌，虽然俄罗斯官方曾经声明表示俄罗斯的经济转型已经结束，俄罗斯已经进入了一个拥有全新法律框架、完整法律体系、新的市场规则、完整的金融体系的新的历史发展时期，但从近几年来看，其拉动经济最重要的三个杠杆投资、消费、净出口仍然处于衰退中，其经济地位也在下降，目前依然没有走上持续稳定的增长轨道[①]。

---

① 程亦军. 当前俄罗斯经济的基本特征与发展前景 [J]. 学术前沿，2013 (9)：63-70.

（六）老挝

1986 年以前，老挝农业生产落后、工业基础薄弱，是世界上最不发达的国家之一。1986 年到 1993 年，老挝建立了国家宏观调控下的市场经济体制，在实行中央统一、集中管理的前提下向地方进行合理分权，强调三产结合优先发展农林业，允许鼓励多种经济成分共同发展，加快工厂和企业经营机制转变，经济发展取得了巨大成就。1997 年亚洲金融危机爆发，老挝经济增长速度放缓，货币大幅度贬值，国家财政拮据，外债增加，经济陷入困区。2001 年，老挝制定了今后 5 年、10 年、20 年的经济社会发展规划，提出了加快自然经济向商品经济过渡，逐步摆脱不发达状态的阶段性奋斗目标，近 20 年以来，在革新政策引导下，老挝由中央计划经济向市场经济逐渐转变，政策逐渐稳定，经济快速发展，产业结构不断优化，引资、贸易大幅提升。尽管当前老挝经济相对其他亚洲国家还不发达，经济发展不均衡，但是从近些年的经济数据来看，老挝的经济处在一个快速发展的时期，2017 年美国福布斯网站 3 月底刊登专栏文章，预计东亚及太平洋地区经济增长最快的 5 个国家，排在第一位的就是老挝。

各代表国家对外资的投资要求具体见表 11-1。

表 11-1　代表国家对外资的投资要求

国　家	行业规定	方式规定
	禁止或限制行业：广播、印刷媒体、法律、住宅产业	个人投资、外资并购、股权投资、通过注册公司、设立分公司、合伙、设代表处等方式，但需符合一定要求并在会计与企业管制局注册
马来西亚	限制行业：金融、保险、法律服务、电信、直销及分销等。外资持股比例不能超过 30％或 50％ 鼓励行业：农业生产、农产品加工、橡胶制品、木材、纺织、食品加工、可再生能源、酒店旅游、制造业相关服务业等	直接投资、跨国并购、股权收购

（续）

国　家	行业规定	方式规定
印度尼西亚	禁止行业：毒品种植交易业、受保护鱼类捕捞业、赌博业、污染环境的化工业、生物武器、海运通讯等投资法禁止的行业 允许行业：除《禁止类、限制类投资产业目录》规定外的大部分行业	合资企业、独资企业、外资并购
泰国	禁止行业：种稻、旱地种植、果园种植、牧业、林业、原木加工、领海捕鱼、土地交易等 需经商务部长批准行业：涉及国家稳定或对艺术文化、民间手艺、自然资源、生态环境造成不良影响的投资业务 需经商务部商业注册厅长批准的行业：碾米业、水产养殖业、林木开发与经营、会计、法律、工程建设等本国处于弱势竞争地位的行业	股权投资（包括注册为法人实体或成立合资公司）、上市、收购、并购
俄罗斯	限制行业：国防军工、武器、宇航设施、密码加密设备研究、联邦级的地下资源区块开发、水下资源等 禁止行业：赌博、人寿保险、外资银行设立分行 鼓励行业：木材加工、建筑、食品加工、纺织等传统行业	跨国并购（对联邦级地下资源公司的控股权不超过5%，对其他部门战略性公司控股权不超过25%～50%）、股票收购、金融服务、保险服务
老挝	除危及国家稳定、环境、人民身体健康和民族文化的行业和领域外，都鼓励其他行业领域投资 鼓励的行业：农林及农林加工、生态环境和生物保护、基础设施建设等	"协议联合经营"、成立"混合企业"和"外国独资企业"三种方式

五、社会特征

（一）新加坡

宗教方面，新加坡实行宗教自由政策，为多宗教国，提倡各宗教互相包容。据 2015 年数据统计，新加坡信徒占人口比重最大的是佛教信教徒为 33.19%，其次是基督教、伊斯兰教、道教、印度教、其他宗教。

社会阶层方面，新加坡具有庞大的中产阶级，是一个中产阶层社会。其财富集中度不算高，社会贫富差距较小，社会阶层呈橄榄型结构，中产阶层占了人口的大多数。新加坡之所以中产阶层比较壮大，主要与新加坡政府实行的两项政策息息相关：一是组屋政策，组屋是指由政府建设出售给除富人之外的老百姓的普通商品房，在这个组屋市场中，居民居住一定年限后有权转售给没有祖屋的人，通过这种对中低产阶级住房保障的措施，目前已实现了超过80％的覆盖率，极大地拉低了阶层之间的贫富差距。二是中央公积金，新加坡政府鼓励用者自付的原则，采取强制储蓄的政策，从个人和企业收入中收取相对较高比例来构建一个公积金体系，政府通过中央公积金体系构造了一张几乎覆盖到各个层面的保障网，其用途可广泛应用到购房、教育、医疗、养老等。

文化包容性方面，新加坡是一个包容性比较强的国家，其本身是一个多民族融合的国家，其文化也立足于东方文化和西方文化结合上的多元民族融合文化，政府更是重视多元文化在新加坡的发展。2000年，新加坡政府出台《文艺复兴城市报告》，开始实施"文艺复兴城市计划"，旨在把文化艺术充斥到新加坡的各个角落。在文化发展方面，政府在政策支持、资金投入、需求带动等方面发挥着自上而下的主导作用；在人才引进方面，新加坡通过举办多样化的人才项目以实现对外部创意人才的引进，多元文化人才的整合使得新加坡文化创意产业独树一帜。与中国相比，其官方语言、法定节日、生活方式、风俗习惯和建筑风格等都透露着中国文化，表现了其对中国文化较强的吸纳性。例如，汉语与英语、马来语、泰米尔语同时被列为新加坡的官方语言，新加坡的元旦节、劳动节与中国相同，新加坡约1/3的人信仰佛教，新加坡大多数人信仰佛教，既透露着儒家文化的经典传统，又体现十足的现代感，还突出了多民族文化的共存和融合。

社会组织方面，新加坡对于社会组织发展的发展理念是在社会稳定与公众期望之间找到一个平衡点，鼓励社会组织发展并参与到社会治理中，对于一些具有公共服务能力的社会组织，政府会投入大量资金通过设立基金等社会资本机构，运用直接资助、购买服务、扶持等手段来鼓励这些社会组织的发展，此外新加坡政府还注意引入企业的力量来促进社会组织发展，旨在构建和谐的劳动关系，提升社会劳动力的素质提升。新加坡社会组织大致可分为四种类型：非法人和志愿组合团体；信托、慈善和基金会；非营利目的的公司；在政府组织或非营利法律指导下建立或注册的实体。目前，新加坡的社会组织已超8 000个。

（二）马来西亚

宗教方面，伊斯兰教是马来西亚的国教，主要属逊尼派，马来西亚的国旗中新月的标志便象征着马来西亚的国教。马来西亚的宗教信仰主要受多元的民族文化特征影响，马来西亚人口主要由马来族、华族、印度族和一部分原住民组成，不同民族有其不同的宗教信仰。一般来说几乎所有的马来族都信奉伊斯兰教，华族大部分人信奉佛教和道教，印度族大多信奉印度教，少部分华族、欧亚混血人和一些原住少数民族信奉基督教或天主教。由于多民族的长期共同生活，也形成了马来西亚多元的宗教文化特色，在马来西亚主要的宗教节日有开斋节、哈芝节、屠妖节。

文化包容性方面，马来西亚是一个文化包容性比较强的国家，由于其地处东西文化交流要冲，文化受到中东、印度、西方多元文化的冲击和影响，形成了其在民族、宗教、语言和文化等方面的多元性本质。中国与马来西亚文化的交流主要通过在马来西亚的华人，他们深深地影响了马来西亚的道德观、艺术和饮食。道德观上，马来西亚提倡"五教"的著名的"德教会"在马来西亚已有一百多个组织，影响很大，所谓五教，指的是佛教、道教、基督教、伊斯兰教和孔教。这些组织以"德"为核心，以忠恕、慈恕、感应、慈悲为宗旨，以孝、悌、忠、信、礼、义、廉、耻、仁、智为纲领，以不欺、不伪、不贪、不妄、不骄、不怠为教条。主张行善布施，供奉所有华族信仰的神邸[①]。在艺术上，像中国书法、建筑、收藏、绘画等都通过华人和中马国际交流活动流入了马来西亚并深深地影响到了马来西亚当地的原始住民。在饮食上，马来西亚也深受中国影响，其饮食方式与中国南方东南沿海城市基本相似。

社会组织方面，马来西亚许多社会组织是建立在种族、宗教、甚至是家族基础之上的，以族群认同为基础建立起来的非政府组织构成马来西亚公民社会的一个重要方面。90 年代后，马来西亚开始实行国民发展政策，此时正值冷战结束之日，全球化进程开始加快，全球性问题也更加突出，这为马来西亚社会组织的发展提供了良好的外部条件。首先，马来西亚社会组织数

---

① 黄海德，张禹东 . 宗教与文化［M］. 北京：社会科学文献出版社，2005：308.

量多,分布范围涉及社会各个领域。马来西亚社会组织远远超过了 1990 年华盛顿日报统计的 14 000 个社会组织。其范围涉及宗教、社会福利、社交和娱乐、妇女、文化、互惠社团、行业工会、体育、教育等 13 个类别[①]。其次,马来西亚的社会组织提供公共服务的功能得到政府的承认和鼓励,许多社会组织在社会福利、教育、健康等领域为社会提供服务,成为政府有益的补充。马来西亚最活跃和最有影响力的社会组织有两类:提供公共服务的社会组织和倡导型社会组织。倡导型社会组织具有很强的政治性,对政府持批评态度,这些组织主要有:董教总、妇女力量、国民觉醒运动、和平倡导中心、大马人民之声等。它们对一些重大议题反应积极,例如积极参与人权保护、自然环境保护、社会民主等运动[②]。

(三)印度尼西亚

宗教方面,印度尼西亚也是一个信仰多宗教的国家,官方承认的宗教有伊斯兰教、基督教、天主教、佛教和印度教。印度尼西亚约 87% 的人信奉伊斯兰教,是世界上穆斯林人口最多的国家。6.1% 的人信奉基督新教,3.6% 的人信奉天主教,其他人都信奉印度教、佛教和原始拜物教。印度尼西亚政府奉行信仰自由,每个人都能自由选择自己信仰的宗教并开展正常的宗教活动,政府每年都拨款支持一定的宗教活动和建设。

社会阶层方面,印度尼西亚也是一个贫富差距比较大的国家,贫富差距一直是印度尼西亚的一个老大难问题,阶层差异主要表现在权贵阶层和中下阶层的矛盾,雅加达高楼中夹杂着的贫民窟就是这一现象的表现。据乐施会 2017 年 2 月 23 日公布的一项调查显示,印度尼西亚的财富分配严重不均,该国排名前四大富豪拥有的资产远超印度尼西亚 1 亿多贫困人口的财产总和,其中有 9 300 多万人每天的收入不到 23.3 元人民币。社会阶层分化比较严重,缩小贫富差距已成为印度尼西亚政府重要的目标。

文化包容性方面,印度尼西亚文化包含着 500 多个民族及 300 多种语言和方言,本身是一个文化包容性比较强的国家。其在语言、建筑、艺术等方

---

① 甘燕飞. 东南亚非政府组织:源起、现状与前景——以马来西亚、泰国、菲律宾、印度尼西亚为例 [J]. 东南亚纵横,2012(3):72-73.

② 王虎. 马来西亚非政府组织的演变 [J]. 厦门大学学报,2010(1):83-84.

面深受中国文化的影响。语言方面，伴随着中国与印度尼西亚文化交流与合作的日益深入，印度尼西亚年轻人学习汉语的热情逐步提升，在印度尼西亚掀起了一股汉语潮，许多印度尼西亚学校开始设汉语课程，也有越来越多的印度尼西亚学生走进了中国的大学求学深造。建筑方面，印度尼西亚木结构建筑风格受中国文化的影响，斗拱结构、崇尚自然、着重通风、遮阳、隔热、防潮，此外印度尼西亚不同样式的沿街排楼建筑风格也是从中国传过来的。艺术上，蜡染设计是印度尼西亚一种对非洲类似文化有深远影响的文化，其在国际时尚界也具有一定影响力，而在印度尼西亚爪哇岛北部沿海地区的蜡染设计中常常可以看到中国的龙凤等吉祥物图案。

社会组织方面，1998 年苏哈托政权下台至今，国内政治民主化的声音越来越强烈。为了进一步促进国家政策决策的民主化，社会组织之间更加注意交流与合作，共同推进印度尼西亚国家民主化的进程，政府对社会组织的态度也从限制到接纳与合作，目前印度尼西亚的社会组织已超过 10 000 个，主要以协会和基金会的形式存在，其范围涉及环境保护、社区自助、教育、减贫、农业发展等领域，最著名的社会组织有印度尼西亚环境论坛，穆罕默德协会，情商、知商和智商领袖中心等。根据法律，不同的社会组织需要在不同的政府部门进行注册登记，且要向公众公示财产报告，向政府提交年度报告。

(四) 泰国

宗教方面，主要有佛教、伊斯兰教、天主教和印度教。佛教是泰国的国教，是泰国宗教和文化的重要组成部分，几百年来，无论是风俗习惯、文学、艺术还是建筑等各方面，几乎都与佛教有着密切关系。佛教为泰国人塑造了崇尚忍让/安宁以及爱好和平的道德风尚。全国 95% 的人口信奉佛教（主要是小乘佛教），因此泰国素有"黄袍佛国"、"千佛之国"之美称，政府重要活动以及民间婚丧嫁娶等一般都由僧侣主持宗教仪式并诵经祈福。泰国设有宗教事务所，管理全国宗教。全国有僧侣约 30 万人，分沙弥和比丘。沙弥为 7～20 岁的出家男僧，比丘一般为 20 岁以上的男僧。僧侣的最高领袖为僧王，由国王封，另设数名副僧王。泰国僧侣委员会为泰国僧团的最高管理机构。伊斯兰教是泰国第二大宗教，占全国人口的 3.8%，主要信徒为泰南马来人。泰国穆斯林中99％是逊尼派，1％是什叶派。邻近马来西亚的陶公、北大年、也拉和沙敦四府的穆斯林占4府总人口的70％以上。据统计，泰国目前有2 300多座清真寺，穆斯林学校200多所。

社会阶层方面，泰国近年来经济虽然稳步增长，但是贫富差距仍然较严重，据《纽约时报》描述，目前泰国不是"一个民主国家，而是两个"。泰国贫富差距呈现一定的区域性，北部、东北部与西部相比贫富差距较大，东北部属于高平原地区，且高低起伏不一，服务业和制造业都不发达，地区主要靠发展来发展经济，但由于其处于热带地区，全年降雨不一且存在严重的土壤问题，导致该区域经常出现干旱问题，使得农业生产率大大降低，人均收入偏低，据统计，北部、东北部贫困人口占了总贫困人口80％以上；而中部地区是自然资源、人才、资金等的聚集地，服务业及高新技术也较发达，人们都普遍接受高等教育，经济发展水平也较高。此外，在泰国居于农村的泰国人基本是社会的贫困阶层，且都是弱势群体，受教育程度较低，生活条件长期得不到改善。

文化包容性方面，泰国在艺术、服饰、民间信仰、节日、医学、饮食、文字等方面都深受中国文化的影响，吸收了中国许多传统文化和现代文化。艺术上，泰国清迈、南邦、达府等城市都能见到中国式的宫殿和寺庙建筑，被誉为泰国最美丽的大学——皇太后大学仿照了中国园林式建筑，建筑风格极具中国古朴而娴静的美感，另外泰国使用的闻名的公鸡碗也与中国的瓷器十分相似。服饰上，泰国劳动人民的粗布麻衣与中国服饰非常类似。民间信仰上，泰国人也信奉土地神、谷神等，另外还有一些求雨、求丰收的祭祀仪式也与中国传统民间信仰十分相似。节日上，泰国也受中国影响，也有一部分人过端午节、中秋节等中国节日，泰国最具代表性的传统节日是在每年阴历的九月初一到初九举办的九皇斋节，而九皇斋节大约起源于大量潮汕人来到泰国后的19世界中后期。在医学上，中医在泰国民间得到了广泛的接受度，在泰国当地有中药店，民间有中医药协会，此外还举办了国际传统医学新成果博览会等。在饮食上，泰国人也吸收了中国人的一些饮食方式和习惯，例如吃面条时使用筷子，饮食中还有包子、饺子、油条、米线等，且受欢迎程度较高。文字上，据统计，泰语中有30％以上为汉语借词，其中一些词直接借鉴了中国的发音，如"油条"、"饺子"等，此外国家汉语国际推广领导小组办公室在泰国各地建立了 12 所孔子学院和 11 个孔子课堂,以促进中泰文化的深度交流。

社会组织方面,1980 年以来,泰国的社会组织取得了令人瞩目的发展。截至 1989 年,泰国注册登记的社会组织已超过 10 000 家,这期间影响较大的是成立于 1984 年的农村发展委员会,其对以发展为导向的社会组织起到了重要的协调作用。这些社会组织在环保、公共健康、农村社区建设、群体发展以及政治民主化等方面发挥着重要的作用,泰国社会组织的发展在国家与私人领域之间创造了较为发达的公共领域,成为泰国公民社会发展的重要标志之一。泰国社会组织呈伞形结构,具有较强的社会法团主义的特征:各种社会组织联合起来,为了特殊的目标相互协调,并形成农村发展、环境保护、减贫、人权等议题的协调网络,以促进社会组织与政府部门之间的沟通。泰国社会组织有明显的区域特征,泰国中部和曼谷的社会组织关注的范围较宽,涉及经济、政治、环境、社会等问题;中部地区的社会组织主要关注健康、自然保护、非法交易方面的问题,主要有 Pavena 基金会、贫困儿童保健基金会、妇女之友基金会等;东北部和北部的社会组织主要是一些基层组织,主要关注自然资源保护、农村发展、减贫等问题;而南部的社会组织相比其他地区要少得多。

(五) 俄罗斯

宗教方面,俄罗斯境内宗教主要有基督教、伊斯兰教、萨满教、佛教和犹太教。基督教以俄罗斯东正教流行最广、教徒人数最多,约有 5 000 万人。其次是穆斯林,主要是逊尼派教徒。东正教神学主要由希腊语的拜占庭神学和俄罗斯的俄罗斯东正教神学构成。俄罗斯东正教会又称"莫斯科宗主教区",是世界上规模最大的正教会团体,其最高权力属于主教公会。

社会阶层方面,俄罗斯目前主要有寡头、执政"精英"、资产阶级、中产阶级、小资产阶级、工人、农民等阶级阶层。俄罗斯大资产阶级由顶层寡头、执政精英和其他大资产阶级三部分组成,占人口 6%～7%。寡头是资产阶级最顶层,他们攫取了几代苏维埃人靠劳动创造的巨额财富。寡头共控制了约 1/3 的俄罗斯资产。俄罗斯的执政"精英"大多数出身于在册权贵家庭和相应的"有权有势"的族群,是政治舞台中具有决定性作用的阶层。其他大资产阶级包括俄罗斯原靠原始积累成长的富人和后期影子经济的投机者，主要由大中型企业业主及经理构成。俄罗斯的中产阶级产生于20世纪末，2003—2008年稳步增长，2014年超过了俄罗斯总人口的40%，而这40%的中产阶级中，受过高等教育的人群却偏少。小资产阶级和劳动阶级组成的社会基层约占俄罗斯总人口的50%左右。俄罗斯建立的是一个寡头资本主义，所有的物质和金融资源越来越集中到少数人手中，贫富差距撕裂着俄罗斯社会，如果把寡头和经理人排除在外，最穷的10%俄罗斯人收入与最富的10%俄罗斯人的收入比大约为1∶30，而莫斯科是1∶（45～50）[①]。

文化包容性方面，中俄两国一直有着深厚的外交友谊关系，俄罗斯对中国文化的包容性也比较强。尤其是近年来，随着中俄两国国家领导人对文化外交的重视和中俄两国战略协作伙伴关系不断深入，中俄两国在文化的交流上愈加密切，自2007年中俄人文合作委员会成立以来，中俄两国在教育、文化、旅游等领域起到了重要作用——在2006—2007年中俄互办"国家年"，2009—2010年互办"语言年"，2014—2015年互办"青年友好交流年"，2012年莫斯科中国文化中心的运营，更是密切地加强了中俄文化交流与合作，增进了两国人民的了解与友谊，促进了中国功夫、剪纸、国画、服饰、戏曲、语言等中国传统文化在俄罗斯的交流，例如俄罗斯的长衫、腰带、皮靴等词汇都出自中国蒙文，无论国内还是在俄罗斯都有大量俄罗斯青年穿着中国的道服学习中国的太极功夫。

社会组织方面，1980年中后期开始，苏联面临着经济停滞和政治危机，许多以政治目标为取向的社会组织纷纷成立，苏联解体后，这些组织随着社会主义制度瓦解而消亡，此时国家正值政局动荡，政府无力解决层出不穷的社会和经济问题、一些不以政治目标为取向的社会组织应运而生，许多文化、教育、科学、环保、农村治理等领域的社会组织得到快速发展，据俄罗斯司法部于2015年7月提供的信息，共有443 288个社会组织正式注册，其类型主要包括协会、自治机构、基金会、联合会等。政府主要通过购买社会服务方式来资助社会组织的发展，其发展是一个自上而下的发展模式，受到国家较严密的监护和控制，缺乏自制，没有形成公民社会理论意义上独立于

---

① 陈爱茹. 裂变与分化：俄罗斯社会阶级阶层的演变［J］. 国外社会科学，2015（6）.

政治、经济部门的第三领域①。

（六）老挝

宗教方面，老挝国民大多信奉小乘佛教，佛教为国教，65％以上的老挝人信奉佛教，全国大约有超过 2 000 座寺庙。也有少部分人信仰原始拜物教、天主教和基督教，信奉原始拜物教的大多为老族人和老听、老松两大族系以及部分泰族人，信奉天主教的大部分是泰族和越侨，信奉基督教的以苗族为多。

社会阶层方面，老挝的贫富差距是与其经济发展相伴随的，老挝经济发展的同时，社会贫富差距正在拉大，社会不公增强，"强取豪夺及贪污腐败问题已相当突出"驻老挝的联合国发展计划署负责人杨·马特松曾经说："这个国家面临的挑战是城乡差距、贫富差距扩大"，在老挝"相当部分并不享受政府所提供的级别待遇但拥有大大小小实权的干部，却拥有多处豪宅、多辆外国进口高级汽车及大片土地，明显与微薄的公司收入相差悬殊"的现象早已引起人们的关注，成为影响执政党地位的关键问题，老挝贫富差距存在，但是富人对穷人没有歧视感，穷人与富人相处比较融洽，2016 年老挝贫困人口占 30％，一些地方的村民依然冒着生命危险以清理炸弹和搜集美军弹壳当作废品出售来谋求生计。

文化包容性方面，老挝与中国云南交界，与中国的文化关系源远流长，来往密切，对中国文化包容性也较强。两国政府注重在文化上的深度交流，中国大力鼓励老挝的青年人才来中国进行文化交流，老挝也对中国在老挝设立文化传播交流相关机构表示十分欢迎。目前，老挝文化影响较大的中国机构主要有老挝中国文化中心、老挝国立大学孔子学院。老挝中国文化中心于 2014 年 11 月 3 日正式揭牌成立，中心精心组织各类教学和培训，包括汉语、中国文化和艺术等，还经常组织演出、展览、电影放映等各种文化活动。老挝国立大学孔子学院成立于 2010 年，成立以来培训了汉语学习的学生 10 000 人以上，还举办了"中国电影周"、"中国文化月"等一系列丰富多彩的中国文化活动，促进了中国魔术、电影、语言、武术等中国文化在老

---

① 马强．俄罗斯社会自组织：历史与现实［J］．社会与组织——俄罗斯东欧中亚研究，2015（6）：56-63.

挝的传播。此外,有一个印证老挝对中国文化包容性较强的例子是——在老挝的北部有许多小镇和村庄有许多小型汉语学校,当大多数本土学校已经放假的时候,这些汉语学校还在授课。

社会组织方面,老挝将社会组织分为:人民团体、行业协会和基层组织。人民团体是准官方政党组织,因为他们服务对象是政府,辅助政府的管理,而非服务社会,其通过培训和培养组织社团活动来促进农村地区的发展,在老挝几乎每个村都有 1 个人民团体代表,主要的人民团体有老挝妇女协会、农民联合会、青年联盟、老挝贸易联合会、老挝人民革命青年团等。老挝行业协会既服务于政府又服务于企业,是服务于商品生产者和经营者之间的一种社会中介组织,其主要因特定行业而发展,为特定行业发展提供服务。基层组织主要服务于社区、大多是社区内部成员自发组织形成的草根社会组织,其涉及的范围非常广泛,包括乡村治理、权益维护、民主监督等一些具体的社会活动。

六、自然风险特征

新加坡等国家在重大自然灾害方面的情况如表 11-2 所示。

表 11-2　新加坡等国重大自然灾害情况

类型 国家	水灾	风灾	干旱	地震	火灾	流行病	火山爆发
新加坡	√						
马来西亚	√						
印度尼西亚	√		√	√		√	√
泰国	√	√	√				
俄罗斯	√				√		
老挝	√					√	

注:该表根据近 10 年来世界自然灾害统计所制。

根据近 10 年来世界自然灾害统计可知,新加坡、马来西亚重大自然灾害类型较少,由于其不处危险火山带、地震带以及良好的气候环境,使得其与俄罗斯、泰国、印度尼西亚、老挝四国相比自然风险较低。俄罗斯自然风险也相对较低，但近些年来由于全球气温变暖，俄罗斯北部地区一些永久冻结带冰川融化容易导致水灾，再加上俄罗斯是世界上森林资源第一大国，地域辽阔，也容易发生森林火灾自然灾害。不幸的是印度尼西亚与泰国由于其劣势的地理环境，导致自然灾害类型多、危害大，印度尼西亚处于地震带和火山活动带，经常发生地震、火山爆发，从而引起海啸爆发，其中2004年由地震导致的海啸使印度尼西亚近24万人失踪或丧失生命。而泰国位于热带，受季风和热带风暴影响，易引发水灾、旱灾、流行病等。老挝属于热带季风气候，全年只分旱、雨两季，所以容易引发干旱和水灾。同时由于气候变化，还面临有别的自然灾害，其中最重要的是蝗灾和流行病。

参 考 文 献

马巍. 当代老挝法律架构初探［R］. 云南省东南亚研究会，2011.

程亦军. 当前俄罗斯经济的基本特征与发展前景［J］. 人民论坛·学术前沿，2013（7）.

黄海德，张禹东. 宗教与文化［M］. 北京：社会科学文献出版社，2005.

甘燕飞. 东南亚非政府组织：源起、现状与前景——以马来西亚、泰国、菲律宾、印度尼西亚为例［J］. 东南亚纵横，2012（3）.

王虎. 马来西亚非政府组织的演变［J］. 厦门大学学报，2010（1）.

陈爱茹. 裂变与分化：俄罗斯社会阶级阶层的演变［J］. 国外社会科学，2015（6）.

马强. 俄罗斯社会自组织：历史与现实［J］. 俄罗斯东欧中亚研究，2015（6）.

图书在版编目（CIP）数据

对外农业投资项目案例教程／何君等编著 . —北京：
中国农业出版社，2019.3
农业走出去"扬帆出海"培训工程系列教材
ISBN 978-7-109-25242-4

Ⅰ.①对…　Ⅱ.①何…　Ⅲ.①农业投资－对外投资－
案例－中国－教材　Ⅳ.①F323.9

中国版本图书馆 CIP 数据核字（2019）第 027723 号

中国农业出版社出版
（北京市朝阳区麦子店街 18 号楼）
（邮政编码 100125）
责任编辑　闫保荣
————————————————
中国农业出版社印刷厂印刷　　新华书店北京发行所发行
2019 年 3 月第 1 版　　2019 年 3 月北京第 1 次印刷
————————————————
开本：720mm×960mm　1/16　印张：11
字数：200 千字
定价：38.00 元
（凡本版图书出现印刷、装订错误，请向出版社发行部调换）